全本全译

慾海慈航

〔清〕黄正元 撰
学谦 修订

团结出版社

图书在版编目（CIP）数据

欲海慈航/(清)黄正元撰.—北京:团结出版社,2015.5
ISBN 978-7-5126-3526-5

Ⅰ.①欲… Ⅱ.①黄… Ⅲ.①佛教－布教 Ⅳ.①B945

中国版本图书馆CIP数据核字(2015)第079057号

出版：团结出版社
（北京市东城区东皇城根南街84号 邮编：100006）
电话：（010）65228880　65244790（传真）
网址：www.tjpress.com
Email：65244790@163.com
经销：全国新华书店
印刷：三河市富华印刷包装有限公司
装订：三河市富华印刷包装有限公司
开本：148×210　1/32
印张：6.75
字数：200千字
版次：2015年7月　第1版
印次：2023年3月　第6次印刷
书号：978-7-5126-3526-5
定价：36.00元

《谦德国学文库》出版说明

人类进入二十一世纪以来，经济与科技超速发展，人们在体验经济繁荣和科技成果的同时，欲望的膨胀和内心的焦虑也日益放大。如何在物质繁荣的时代，让我们获得内心的满足和安详，从经典中获取智慧和慰藉，或许是我们不二的选择。

之所以要读经典，根本在于，我们应当更好地认识我们自己从何而来，去往何处。一个人如此，一个民族亦如此。一个爱读经典的人，其内心世界必定是丰富深邃的。而一个被经典浸润的民族，必定是一个思想丰赡、文化深厚的民族。因为，文化是民族之灵魂，一个民族如果不能认识其民族发展的精神源泉，必定就会失去其未来的生机。而一个民族的精神源泉，就保藏在经典之中。

今日，我们提倡复兴中华优秀传统文化，当自提倡重读经典始。然而，读经典之目的，绝不仅在徒增知识而已，应是古人所说的"变化气质"，进一步，是要引领我们进德修业。《易》曰："君子以多识前言往行，以畜其德。"实乃读经典之要旨所在。

基于此理念，我们决定出版此套《谦德国学文库》，"谦德"，即本《周易》谦卦之精神。正如谦卦初六爻所言："谦谦君子，用涉大川"，我们期冀以谦虚恭敬之心，用今注今译的方式，让古圣先贤的教诲能够普及到每一个人。引导有心的读者，透过扫除古老经典的文字障碍，从而进入经典的智慧之海。

作为一套普及型的国学丛书，我们选择经典，不仅广泛选录以儒家文化为主的经、史、子、集，也将视野开拓到释、道的各种经典。一些大家所熟知的经典，基本全部收录。同时，有一些不太为人熟知，但有当代价值的经典，我们也选择性收录。整个丛书几乎囊括中国历史上哲学、史学、文学、宗教、科学、艺术等各领域的基本经典。

在注译工作方面，版本上我们主要以主流学界公认的权威版本为底本，在此基础上参考古今学者的研究成果，使整套丛书的注译既能博采众长而又独具一格。今文白话不求字字对应，只在保证文意准确的基础上进行了梳理，使译文更加通俗晓畅，更能贴合现代读者的阅读习惯。

古籍的注译，固然是现代读者进入经典的一条方便门径，然而这也仅仅是阅读经典的一个开端。要真正领悟经典的微言大义，我们提倡最好还是研读原本，因为再完美的白话语译，也不可能完全表达出文言经典的原有内涵，而这也正是中国经典的魅力所在吧。我们所做的工作，不过是打开阅读经典的一扇门而已。期望藉由此门，让更多读者能够领略经典的风采，走上领悟古人思想之路。进而在生活中体证，方能直趋圣贤之境，真得圣贤典籍之大用。

　　经典，是古圣先贤留给我们的恩泽与财富，是前辈先人的智慧精华。今日我们在享用这一份恩泽与财富时，更应对古人心存无尽的崇敬与感恩。我们虽恭敬从事，求备求全，然因学养所限、才力不及，舛误难免，恳请先贤原谅，读者海涵。期望这一套国学经典文库，能够为更多人打开博大精深之中华文化的大门。同时也期望得到各界人士的襄助和博雅君子的指正，让我们的工作能够做得更好！

团结出版社

2017年1月

序

　　淫为众苦之本，色为诸孽之根。报应之速，如影随形，昔人言之甚详。然蛆居厕底，甘秽如饴，鱼在釜中，临危不觉。虽有正言庄论，塞耳不闻也久矣。不知世无剥而不复之理，人有昧而转觉之机。今试执登徒之辈，与之斋居端坐，苦口而告之曰："尔勿贪淫，尔勿好色。"有不点首称善者乎？即此称善之一念，扩而充之于念念，则明眸皓齿，直如马面牛头，艳女妖姬，不异冤家债主。谁谓正言庄论，不足感发人之善心，而惩创人之佚志哉？黄子正元。广采闲邪诸论，集成一书，为欲海洪波中，设慈航宝筏。予不禁深嘉而乐与之，爰为作序而付之梓。

乾隆二年榴月
闽中弟子黄正元敬识于袁浦公署

【译文】贪淫好色，是众苦和罪恶的根本所在。说到报应之快，也是如影随形，前人已经说得很详细了。然而就象蛆虫生活在茅厕中，却丝毫不觉得污秽；鱼落在锅里，虽然已置身于危险之中，自己却丝毫觉察不到。虽然有人想用正直庄重的言论警醒他们，无奈这些人充耳不闻。大家早就习惯于这种状况了，却不知道：世界上任何事情没有不物极必反的道理，人总有从愚昧转向觉悟的时候。假如我们现在真的将登徒子这种贪淫好色之徒找来，将他妥善地安置在一个清净的地方，端正身心，与他对面而坐，然后苦口婆心地对他说："你不能贪淫啊，你不能好色啊"，他哪里有不点头称是的呢？就将他此时此刻点头称是这一个念头，进而扩展到他的每一个念头之中，那么，他下回再看到明眸皓齿的佳人，就如同看见牛头马面一般不会动心了；想起那些妖艳迷人的美色，也就跟冤家债主没有什么两样了。怎么能说正直庄重的言论，对于启发一个人的良知，驱除他们身上的恶习，就没有一点点作用呢？眼前这位黄正元先生，广泛地收集前人防邪劝善的各种言论，汇集成一本书。他要在世人波涛汹涌的欲望的大海中，放进一只慈悲救度的宝船。我对此禁不住深表赞叹，并且很高兴地支持他，于是就写下了这篇序文，一并予以发表。

时值乾隆二年五月
闽中弟子黄正元敬录于袁浦先生官署

目 录

戒淫宝训 ………………………………………… 1

闲邪正论 ………………………………………… 8

遏淫良法 ………………………………………… 36

远色保身 ………………………………………… 57

寡欲广嗣 ………………………………………… 65

少年宜戒 ………………………………………… 67

老年宜戒 ………………………………………… 76

妇女宜戒 ………………………………………… 80

四时宜戒 ………………………………………… 84

可染不染 ………………………………………… 91

一犯莫赎 ………………………………………… 100

戒谈闺阃 ………………………………………… 104

禁绝淫类 ………………………………………… 107

预塞邪径 ………………………………………… 118

当避嫌疑 …………………………………………120

肃清闺门 …………………………………………124

严整家法 …………………………………………127

不淫善报 …………………………………………131

宣淫恶报 …………………………………………174

跋 …………………………………………………196

戒淫宝训

扫一扫 听导读

帝君曰：甚矣，淫之为害大而流祸毒也。燕啄皇孙，汉祚因之将尽；龙漦帝后，夏廷由是寖衰。新台作而秽迹彰，墙茨歌而丑声著。琴挑临邛卓女，空遗万世讥评；诗寄萧寺崔莺，徒作千秋笑柄。贪欢致疾，瘦减荀令之肌；渔色殒身，憔悴潘郎之鬓。梦绕翠帏锦帐，抛却黄卷青灯；情牵秦首蛾眉，弃彼萤窗雪案。赴佳期于邃室，暗中独往，宛然穿窬之形；践密约于空房，奸所双擒，旋作餐刀之鬼。冥则有鬼神之殛，明则有王法之诛。或徒流，或笞杖，或绞斩，剥肤伤肢，受尽许多现报；或剑树，或刀山，或油鼎，悽风惨月，难免无限阴刑。

【译文】文昌帝君说：淫乱的危害真是太大了呀，而且延及的灾祸也很深。赵飞燕谋害皇孙，导致汉朝国运由此衰微；妖女秽乱宫廷，夏朝因此而亡。犯了淫乱之罪，会遗臭万年。汉代司马相如用琴心挑逗西江临邛卓文君，让万世讥笑品评。张生用诗篇偷寄萧寺里的崔莺莺，只是留作千秋的笑柄罢了。贪恋床笫之欢很容易导致疾病，能够让荀彧这样的美男子都身体消瘦；恋色消耗身体，可使潘安这样的人容貌憔悴。整天痴迷于女色之中，会耽搁了功名与事业。心里想着女人的漂亮容貌，抛却了勤奋苦读，只想着去和女人幽会。在黑暗之中独往，偷偷摸摸，就像小偷一样。与女人在空房中幽会，被人捉奸，立刻成了刀下鬼魂。阴间有鬼神来评判，阳间有王法来诛讨。要么被流放，要么被刑杖，要么被绞斩，要么被弄伤残，会有许多现世报应。要么被挂上剑树，要么被上刀山，要么被下油锅，日子很难过，总免不了没有尽头的阴间刑罚。

昔之卧柳眠花，欢娱有几？今此呼疼叫痛，解脱何时？岂知流水桃花，肠断情多刘阮，终成苦趣；行云送雨，魂迷梦里襄王，总属愁因。害及当身，累言莫尽；祸贻后代，罄纸难书。女为娼而媳为妓，倚门献笑，风流债，加倍填还；子则绝而孙则灭，荒塚孤眠。奸淫报，异常酷烈。

夫富贵之辈，身享厚寔崇高，都缘累劫修来，恋此片时之乐，尽堕前功；贫贱之人，日受忧愁困悴，皆是前生造就，图兹顷刻之欢，愈增后罚。少壮者，前程甚远，因好色而不齿士林，身败名灭；迟暮者，光景无多，为贪淫而遄归死路，骨化形消。何如苦海回头，奚若爱河登岸。视明眸皓齿，不啻骷髅；睹袨服新妆，一如鸩毒。畏鬼神之殛，对彼姝而不动邪心；懼王法之诛，处暗室而不兴欲念。品行无惭于玉洁，姓名自著于金函。是则予之所厚望而重期者矣。

【译文】往日欢愉的佳人，现在还能够快乐的有几个？今天呼喊叫痛，又什么时候能够解脱呢？要知道像随流水飘去的桃花一般，就像刘晨、阮肇遇到仙女，令其肝肠顿断，成了痛苦。贪恋云雨，如同楚襄王爱慕神女，苦苦追求，而神女无心与他欢会，因此而烦恼不断。这样的祸害累及自身，一言难尽。还会殃及后代，贻害无穷。女儿、媳妇会变成娼妓，卖笑为生，这风流的债务呀，会加倍偿还。还会导致子孙灭绝，让你孤独终老。邪淫的果报，异常严酷。

富贵的人，今生享受富裕的生活和崇高的地位，都是前世积德修来的，如果贪恋这片刻的欢乐，就会前功尽弃。贫贱的人，天天受忧愁困苦的烦恼，都是前世种下的因，如果贪恋这片刻的欢乐，更会增加后来的惩罚。年少的人，前程远大，因为好色会为大家所看不起，导致身败名裂。年长的人，在世不多，因为贪恋美色会更加促进死亡。为什么不苦海回头，从此收敛。看见美人眼睛明亮，牙齿洁白，视之如死尸。看见美人身着华服，巧饰妆容，视之如毒药。敬畏鬼神的惩罚，对美人不动邪念。害怕王法的诛讨，即便在暗室之中，也不产生欲念。自己的品行要对天地无愧，就会流芳百世。这是我（帝君）所期盼寄予厚望的。

帝君《天戒录》曰：吾奉金阙至尊之命，于每月寅卯日，按行酆都地狱，改定天下有罪人民事实。

见夫黑籍如山，皆是世人一生孽案，诸恶之中，惟淫为首。奸人妻女、玷人闺门，在地狱中受苦五百劫，方得脱生。为骡为马，又五百劫，乃复人身。为娼为优，设谋造计，奸宿寡妇尼僧，在地狱中受苦八百劫，方得脱生。为羊为豕，供人宰杀，又八百劫，乃复人身。为瞽为哑，为五官四肢不全之人。以卑乱尊，以长乱幼，败坏纲常，在地狱中受苦一千五百劫，方得脱生。为蛇为鼠，又一千五百劫，方得人身。或在母胎中死，或在孩抱中亡，毕竟不享大年。

【译文】文昌帝君的《天戒录》里说：我奉金阙至尊的命令，在每年的寅卯日，在丰都地狱，为有罪的人修改评定犯罪事实。

看到各种罪恶的记载堆积如山，都是世人一生的罪孽。在这么多罪恶之中，只有淫乱是罪恶之首。强奸人家的妻子和女儿，使她们待字闺中就受到玷污的，在地狱当中受到五百劫的苦难，才能够脱生。做骡子做马，又经过五百劫，才回到人身。做娼妓，做戏子的，设计陷害别人，奸淫寡妇尼姑的，在地狱之中要遭受八百劫的苦难，才能脱生。做羊，做猪，被人宰杀，又经历八百劫，才能够恢复人身，只能做聋哑人，或成为五官或四肢不全的人。有乱伦的，败坏了纲常，在地狱里会遭受一千五百劫的苦难，才能脱生，做蛇，做鼠，又经过一千五百劫，才能恢复人身。要么胎死腹中，要么年幼夭折。不会享受太长的寿命。

更有造作淫书，坏人心术，死入无间地狱。直至其书灭尽，因其书而作恶者，罪报满后，方得脱生鬼国。幽幽冥冥，不见三光，餐风卧水，皮肤惨裂，虽遇仙佛，不能救度。淫书之为害，世人不知，其祸甚大。本以名闺淑媛，识字知文，或绿窗画静，或青灯夜阑，展卷视之，魂飞魄荡，不禁欲火之焚，遽成奔窃之行。致节妇失节，贞女丧贞。或有聪明子弟，秀而有文，一见此书，心迷意乱。或手淫而不制，或钻穴而踰墙。小则斫丧元阳，少年夭折；大则渎乱伦犯，不齿士林。若夫巧作传奇，当场演出，教习婴童，乱人清操，其罪尤重。奈何士子以夙世之慧根，握七寸之管，不思有功于世，积福于身，徒造无穷之孽，深可悲也。

【译文】更有撰写淫书的，让人产生邪思邪念的，死了之后会进入无间地狱。直到他写的书在这个世间完全灭绝，还要因为看此书而做恶的人，报应期满之后，才能在鬼国脱生。幽暗之中，不见光明，没有食物，皮肤爆裂，即便遇到神仙，也无法救助。淫书的危害，一般的世人不知道，其祸害非常大。本来是大家闺秀，通晓文字，能写会画。在夜深人静的时候，看到淫书，心思荡漾，欲火焚身，终于私奔，或者导致失节、失贞。又或者有聪明的少年，清秀能文，一看见此书，意乱情迷，要么手淫不知节制，要么钻洞翻墙，小则折阳寿，年少就夭折了，大则乱伦，为大家所不齿。或者是有人写成传奇故事，教人当场演出，教坏小孩子，乱了人的操守，这罪恶更严重。这些读书人用累世积德修就的智慧和手上的笔，不去做一些有益于社会的事情，为自己及后代添福，却造下这样的没穷尽的罪孽，我真为他们感到可悲。

吕祖师曰："奸人室女者，得绝嗣报。"妇人年自十三四后，情窦已开，奸之尚获重谴，若未及其时而诱之，心何忍也。世间充淫之辈不但喜渔幼女，兼猎幼童。夫两情相悦，而后成淫。幼童幼女，稚昧无知，何所悦于我，而乃泰然淫之乎？绝嗣不足尽其辜也。其人七世当为母羊母豕，不得解脱。盖以此二物，生世周月，便能受淫故也。至于伦常之中，或以卑犯尊，或以上乱下，罪大恶极，刑曹断律，虽按其服之重轻，有立剐立斩立绞之殊。然阳报既彰，阴罚尤重。其人七世当为鸡为犬，不得解脱。盖以此二物，迷却性真，不知伦常故也。以上所载，乃口不忍言，笔不忍书者，而世人纷纷犯之，此猪羊鸡犬之所以日多也。帝君曰："诚哉，吕师之言也。渔幼之人，犯伦之辈，当其造业之时，虽非猪羊鸡犬之身，而已有猪羊鸡犬之事。纵阴律未加，而已知其随入畜道矣。人何苦以顷刻之欢娱，甘为畜生而不辞哉。"

【译文】吕洞宾祖师爷曾说："奸淫幼女的，会遭到没有后代的报应。"女孩子在十三四岁以后，情窦初开了，奸淫她还会遭受重重的报应，幼女尚未成年，你就去奸淫她，于心何忍？世间上的淫人，不但喜欢奸淫幼女，甚至还有喜欢幼童的。一般来说，两个人相互喜欢，才会勾搭成奸。幼童幼女，年幼无知，怎么取悦于你，你竟然可以这么心安理得地奸淫她呢？没有后代还不足以惩罚。这样的人，会七世为母羊母猪，不能解脱。因为这两样动物，出生几个月，就能交配的缘故。乱伦的人，按刑法处罚，虽然有轻重之别，有剐刑、斩刑、绞刑这样的分别，但是阳间的报应得到彰显后，阴间的报应更严重。这样的人，会七世做鸡做狗，不能解脱。因为这两种动物，迷失了真性，不知道伦常。这些记载，是口中不好说，笔端不好书写的东西，但是世间的人常常犯这样的罪，所以猪狗羊鸡很多。文昌帝君说："确实如此呀，就如同吕洞宾所说的，奸淫幼童，犯了乱伦的人，当他造作淫业的时候，虽然不是猪羊鸡狗之身，但是已经有了猪羊鸡狗才做的事情了。即便阴间的惩罚没有增加，已经知道他坠入畜道了。人何苦为了片刻的欢乐，而甘愿下辈子成为畜生呢？"

扫一扫 听导读

闲邪正论

败德取祸,莫甚于色。虽妻妾之正,犹恐纵欲不节,必至髓竭精枯,委大命于红颜。而况卧柳眠花,踰墙鑽穴,犯神天之震怒,干不解之罪愆乎。历观古今报应,靡不如影随形。有志功名者,何苦以分内之爵禄,断送之俄顷欢娱耶。且奸必后杀,又不止暗削科名而已。顾人知报应显赫,而犯者累累,则以情炎于中,不能禁遏,间有强制,旋制旋萌,是以甘九死而不辞也。昔人垂训曰:"美色人人好,皇天不可欺,我不淫人妇,人不淫我妻。"人能常憶此语,则起心动念间,自知检摄矣。

【译文】因为道德败坏而引来祸事,没有比色欲上更严重的了。虽然有妻妾,但放纵欲望不加节制,必定会导致精髓枯竭,把命送给了自己的红颜。更何况有人老是嫖娼宿妓,翻墙穿洞和别人约会,触犯天神,这样的罪恶则更加深重。看古往今来因果、善恶报应的事实,没有一个人不是如影相随的。有想要得到功名的,结果将命里本来有的功名断送在这片刻的欢娱之中。而且有的人还先奸后杀,所受的果报,就不止暗地里削减功名了。人能知道邪淫报应的惨烈,但还是有很多人频繁触犯,就是因为情欲产生之后,不能遏制,虽然有抑制,但立马又萌生了,所以甘愿九死而不辞。古人告诫说:"美色人人都喜好,上天不能欺骗,我不淫人家妇人,人家不淫我的妻女。"如果每个人都常常想起这句话,就会在欲念顿起的时候,自己知道自我约束了。

诸恶孽中,惟淫为最。盖淫念一萌,便思邪缘相凑,生幻妄心;设计引诱,生机械心;少有阻碍,生嗔恨心;忌人之有,生妒毒心;夺人之爱,生杀害心。种种善愿由此消,种种恶孽由此起。此森罗铁榜,必以淫为万恶首也。

【译文】所有的罪孽之中,只有淫乱的恶最大。因为淫念一萌生,就会邪念顿起,生幻妄的心;就会设计引诱,生计谋的心;一旦有阻碍,就会生嗔恨的心;忌恨人家所有,就会生嫉妒的心;抢夺了人家所爱,就会生杀害的心。很多种的善念就此消灭,很多种的恶孽就会由此萌生。因此阎罗王的森罗殿上写着,淫为万恶的源头。

然而庸夫俗子,显蹈明行,罔知顾忌。至学士文人诵习圣贤，竟尔自号风流，侈谈情种。娇艳何心顾盼，辄视为有意之凝眸；深闺不无笑言，便揣作多情之勾引。或贿不足饵而以才诱，或直不能遂而以巧谋。缱绻则托于夙因，邂逅便神为天合。机关不止千般，流毒直兼数世。不思月下花间，为乐有限；粉白黛绿，转眼即空。而恶因日积，显则倾家荡产，毕生之名利皆虚；阴则削禄减年，一世之荣华尽丧。大则亏体辱亲，乡闾交忿；小则辱身贱行，流落堪嗟，甚至败露触宪。而七尺之躯，顷刻作刀头之鬼。奈世之溺于此者，动曰何伤。嗟乎！天下受何伤之毒者岂少哉。

【译文】 但是凡夫俗子，明目张胆，不知顾忌。至于文人学士学习圣贤学问，居然自以为风流，便妄谈情种。有女人无心看了一眼，就以为是有意关注。有女人在闺中笑着交谈，便自以为是多情的引诱。有的财钱不足的就用才华去引诱，或者不能直接引诱的就用计谋去引诱。两情缠绵就说是前世姻缘，一见钟情就称为天作之合。想尽了千万种办法，贻害了多少后人。不去想想花前月下，快乐有限；美女如云，转眼都是空的。但是恶的因会日渐积累，看得到的报应会倾家荡产，累积一生的名利都会成为虚空。看不到的报应会消减俸禄降低寿命，一世的荣华会全部丧失。往大的地方说，会伤害身体让亲人蒙受耻辱，与乡人结仇；往小的方面来谈，就会屈辱自己的身份而做下贱之事，令人叹息，甚至事情败露触犯刑罚。堂堂男子汉,瞬间成了刀下鬼,可惜的是这世界上沉溺在这里的人,动不动就说:"这有何妨?"哎呀!天底下受到这"何妨"二字毒害的人还少么?

夫杀人者,杀其一身;淫人者,杀其三世。盖秽迹必彰,恶声易播,上而杀其父母矣,中而杀其丈夫矣,下而杀其子女矣。耻悬眉颊之间,痛缠心骨之内,无异挟白刃而刳人三世之腹,而犹谓何伤。吾谁欺,欺天乎。况昔人亲见阴律云:"奸人妻者,得子孙淫佚报。奸人室女者,得绝嗣报。"试观好淫之家,不报于妻妾,即报于女媳。丑声籍籍,污人听闻。至若使女仆妇,尤易行奸。不知家政不肃,家道不和,大都由此。

【译文】杀人的人,只杀一个人;淫乱他人的人,会伤害他三代。因为他的淫秽事迹必定被传播,被宣扬,上伤害了他的父母,中间伤害了他的丈夫,往下讲还伤害了他的子女。羞耻挂在他们的脸上,痛苦缠绕在心中,就好像有人拿着刀子在剜他三代人的肚子,却还说这又何妨。这样的事情能够欺瞒得了上天么?更何况有人曾经亲自见过阴间的律法这样写:"奸淫他人妻子的,会得到子孙淫乱的报应。奸人女儿的,会没有后代。"你看看喜好淫乐的家庭,不在妻妾身上报应,就会在女儿和媳妇身上报应。丑名远扬,让人避之不及。至于家中的女仆,会很容易发生奸情。不知道家里的规矩不严肃，家庭不和睦，多半是因为这个原因。

或妒妻鞭挞以伤生，或悍仆反唇以叛主，或父子不知而聚麀，或兄弟交迷而荐寝。甚者以骨肉胞胎，沦为贱媵，后人无知，误行亵狎。名为主婢之分，阴有兄妹之戚，伤风败俗，所不忍言。又有假随喜之行踪，诱空门之艳质，敢污佛地，致坏清规，此与寻常淫恶，定加三等。更有别种狂痴，渔猎男色，往往外借朋友之名，而阴图夫妇之好。彼既见鄙于众人，我亦不齿于正士。

【译文】要么是嫉妒的妻子打死女仆，要么是强悍的奴仆谩骂女主人，要么是父子共妇，要么是兄弟共妻。还有更严重的是骨肉之间，有人为陪嫁，后人不知，相互结合，名义上有主婢之分，实际上却是兄妹的关系，伤风败俗，都不好意思讲。还有借着随喜供养的名义，引诱佛门美艳尼姑，玷污佛门，败坏清规，这与平常的淫恶相比，还要罪加三等。还有痴狂的人，喜欢男色，常常借交友之名，暗地里想要行夫妻的事情。这为众人不耻，也是我羞于说出口的事情。

且若辈惟慕少年，顿忘齿谊，淫其幼者，何异于吾子吾孙。淫其稍长者，何殊于吾弟吾侄。父事兄事之谓何，而沦污若此。少知礼义者，当必汗流浃背，翻然愧悔矣。等而下之，狎优童，昵俊仆，心因欲乱，内外不分，我既引水入墙，彼必乘风纵火，其间盖有不可知者。他如寄兴青楼，自谓于德无损，不知淫娼贱质，百种温存，无非陷人坑坎，一入其中，极聪明人，亦被迷惑。

【译文】还有的只贪慕幼童，忘却了与其父同辈的年龄，奸淫别人的幼童，这与奸淫自己的子孙有何区别呢？奸淫年龄稍微大点的，又与奸淫自己的弟侄有什么区别呢？作为父辈兄辈该干的事情在哪里呢？竟然沦落玷污至此。稍微懂点礼的，一定会汗流浃背，立刻悔悟。更下一层，玩弄幼童，亲昵漂亮的仆人，是因为心里有欲望，内外不分了，我今天引祸水到了家里，明天这祸水必定会借机滋长，这中间大概有很多不可能知道的事情。还有别的整天往青楼里跑，自认为对于德行没有损耗，他不知道娼妓卑贱，用百种温柔，目的是使你跳入陷阱，一旦陷入其中，就算是非常聪明的人，也会被迷惑。

况遇尸痨之妇，疮毒之妓，性命莫保，形体臭烂，生子卒皆不育，嗟何及矣。顾巫云楚岫，幻梦方酣，谁为唤醒。惟在当境之初，动念之始，极力降伏。惕然自思曰：淫人妻女，妻女亦被人淫若何。视人之妻，如己妻之恶人犯；视人之女，如己女之恶人污。此为上也。其次眼光落面，妖态攒心，有慧剑一焉。曰：忍而已矣，狠忍而已矣。饥不食虎餐，渴不饮鸩酒，忍之说也；蝮蛇螫手，壮士断腕。毒矢着身，英雄刮骨，狠忍之说也。要其得力，则又在平日父兄师友，训迪渐染之功。

【译文】 更何况遇到了患有尸瘵病的妇人，患有疮毒的妓女，性命难保，身体会发臭发烂，无法生育，这是多么悲哀的事情呀！看那样沉溺于欢爱中的人，像正在做甜蜜的梦，不知道谁能够把他们唤醒。只有在最开始的时候，刚开始有念头的时候，尽力降服它。自我警惕并思考说：奸淫他人妻女，自己的妻女也会被他人奸淫。看别人的妻子，就像自己的妻子讨厌被别人侵犯。看人家的女儿，就像自己的女儿讨厌被别人玷污。这是最好的办法。第二种是眼睛看到面部，各种欲望心头涌起的时候，心头有一把慧剑一闪。说：要忍耐呀，更努力地忍耐呀。饥饿的时候不去抢老虎的食物，渴了的时候不要去喝毒酒。这就是忍耐。像被蝮蛇螫了手的壮士一样敢于断掉自己受毒害的手腕。被毒箭射中，要学英雄刮骨疗伤，这就是更努力地忍耐。要使他能够受益，在平日里需要父亲兄长老师朋友，多加训导启迪。

务使胸中于礼法因果，确信不疑。触境猛省，自能蓦地回光。历观古之贤达，片刻操持，于己何损？而登大魁，致显位，享富贵，福子孙。较之半世黄卷青灯，与他途积德累仁者，遂事半功倍。人又何苦以俄顷之欢娱，招终身之荼毒，甘蹈下愚若此哉。第风月场中。最易失足，半生沦堕，顾影惭惶，求其守正不染者，其能有几。终日戒不淫，淫心特炽，逢人言寡欲，欲种更滋。纵情莫返，自取贯盈，诚始迷而终悟，即灾去而福随。

【译文】一定要使心中对于礼法因果确信不疑。一接触到这样的境界就能够猛然醒悟，一定能够看到就回头。看古代的贤达，能够在那片刻把握住自己的操守，对于自己又有什么损害呢？等到登上重要位置，到达很尊贵的地位，享尽富贵，给子孙带来福气，相比于半生读书生涯，相比于通过其他途径累积功德的人来说，会事半而功倍。世人又何必为了这片刻的欢愉，而招来终生的遗憾，甘愿做这么愚蠢的事情呢？在风月场里，最容易失足，半生沉沦，只能自我哀怜，能够在这里一尘不染的，能够有几个呢？整天说要戒掉色心，却使自己的色心更加火热，碰到人就说自己少欲，结果欲望更强烈。如果放纵情欲、不知悔改，就会咎由自取、恶贯满盈。假如开始执迷而最终醒悟，就会去掉灾祸而福气伴随。

上蔡先生云："天道祸淫，不加悔罪之人。"斯言信矣。然又不但淫行当戒已也。尝见读书才士，与一切伶俐俊少，谈及淫污私情，必多方揣摩，一唱百和。每因言者津津，遂致听者跃跃。夫奸恶阴私，终身名节攸关，一言偶失，殃累无穷。使其生则含羞，死犹遗臭，先人蒙垢，孙子怀惭。上干天怒，莫此为甚。况复含沙喷血，玷清白之芳名；吠影捕风，肆讥评而无忌者乎。若夫传奇小说，多属子虚，虽意取讽时，或理含警世。而上智难槩，中下为多，披览之余，动心失性，则人人之孽，皆其孽矣。普望自觉之余，更思觉世，吐舌上之青莲，挥案头之彩笔，表章感应，救拔淫迷。或广坐危言，或密室苦口，毋畏揶揄，毋避迂腐，宛转劝导。必能使听者大发深省，于以回蛾眉伐性之狂澜，施锦阵回头之良药。岂非所谓爱人以德，自求多福者哉。至于贞淫果报，不爽分毫。古人详矣，兹不复载。

【译文】上蔡先生说："上天会降祸于淫乱的人，但是不会降祸于悔改了的人。"这个言论是可信的。但是淫乱这事又不单纯是自己要警戒。我曾经看见过一些读书的人，他们与一些俊俏的少年，谈论这些淫秽事情，一定会左思右想，一个人说，很多人回应。都是因为说的人津津乐道，听的人跃跃欲试。要知道这样的淫乱之事，事关终身的名节，一句话偶尔说错，就会贻害无穷。使当事人在生蒙羞，死后还受到侮辱，自己的先辈抬不起头，自己的子孙后代也难以做人。还会触怒上天，千万不要干这样的事情呀。而且其中有人血口喷人，玷污了别人清白的名声。捕风捉影，任意讥讽品评别人而无所顾忌。如果是一些传奇小说，多半是杜撰虚构的，虽然用意在讥讽，或者是想要警示后人。但是看书的人上智者很少，多半智慧不够不领会它的真正用意，在看的时候，欲念产生，这样的人造下的孽，都是这作者造的孽呀。希望大家在自我觉醒之后，应当要让世间更多人也觉悟。要用自己的巧舌，手上的妙笔，书写因果报应的篇章，救赎这些迷惑于淫乱的人。要么在众人聚坐的地方规劝大家，要么私底下苦口婆心。不要怕别人的嘲笑，不要怕别人说迂腐，要婉言相劝。一定能够让听的人大受启发深思，从而能够收回因见美人乱性的狂躁，远离风月场，回头是岸。这难道不是用德来爱人，自己能够求得福报么？至于贞洁与淫乱的因果报应，不会差分毫的。古人说得很详细，我就不再说了。

经云："一切惟心造。"夫心为身之主宰，克治，则精莹澄澈，如玉映水台，何处尘埃可到。为圣为贤，为仙为佛，自不难也。疏放，则颠倒纵横，如风中落絮飘扬，到处黏留，为愚为不肖，为鬼为禽兽，又何异焉。此养心之所以莫善于寡欲也。昔李伯时善画马，摹想其驰驱踶躅，卧立嘶鸣之状，刻刻在念，后遂堕入马腹，人道绝而兽类逅也。今之好色者，摹想其娇妍窈窕，妩媚轻盈，以至枕席情形，衾裯狎昵之态。刻刻在念，后必堕入女身，为异常淫乱之人，阳气消而阴气盛也。如在畜生道中，必是猪犬猿猴，死央鹑鸽之类。总之积想所致，淫根未断耳。

【译文】佛经上说："一切境界都是我们的心所造就的。"心是身体的主宰，能够对治自己的心念，就会晶莹剔透，好像碧玉映照水上台榭，没有任何尘埃。可以做圣贤，做仙人佛陀，这是不难的事情。但是如果对自己的起心动念放任不管，就像风中飘落的柳絮一样，欲念丛生，做愚蠢的人，做不肖的人，和鬼和禽兽，又有什么区别呢？这就是说养心最好的方法就是减少欲望。当年李伯时擅长画马，老是临摹揣想马的各种姿态，无时无刻不在想着这事，结果后来坠入马的肚子里，丧失人身而转入兽道了。今天这些好色的人，老是想着美人的婀娜多姿，甚至于交合淫荡时的情形。每时每刻都在想念，将来一定会变成女身，而且会十分淫荡，是因为阳气减少阴气强盛的原因。如果转入畜生道，一定是猪狗猿猴、鹑鸽之类的动物。这是因为想法邪思邪念积累得太多，而淫根没有断的缘故。

因奸杀害，约有数端。恶彼夫之碍眼，而欲去之，一也。憾女人之不从，而卧起恶念，二也。事成之后，疑彼妇有外心，而忽然操刀，三也。坐有争欢之夫，必然攘袂奋拳，四也。彼妇为夫所觉，而或死锋刃，或死鞭挞，五也。或受制于夫，而郁郁不得志以死，六也。大约成一淫事，即动无数杀机，动一杀机，即感无数杀报。世之男女相悦者，以为小小风流事耳，岂知受祸之酷，一至于此哉。

【译文】因为奸情而杀人的，大概有这么几种情况。看着对方的丈夫碍眼，而想要除掉他，这是第一种。女人不从，一下子产生恶念，这是第二种。事成之后，怀疑女人有外心，而突然杀害，这是第三种。在座的有几个人争夺一个淫妇而引起拳脚相加的，是第四种。淫妇被丈夫发觉，或者被刀捅死，或者被打死，这是第五种。或者因为被丈夫限制，终生郁郁寡欢，这是第六种。所以，一旦发生一件淫乱的事情，就会产生无数的杀机，动一下杀机，就会引来无数的报应。这个世界上男女两情相悦的人，都以为风流事情很小，怎么知道祸害如此残酷，竟然到如此地步呢？

奸近杀，洵矣。然曰近杀，尚是缓辞。予则以为奸则未有不杀者，其夫知觉则杀，同奸嫉妒则杀，因奸致死，则王法杀之。幸而漏网，则冤鬼杀之。色痨沉痼，虚症百般，卢扁难医，则司命又杀之。夫人以有为之身，置之必杀之地，岂不愚哉。

【译文】发生奸情，就离杀身之祸不远了。然而，说不远，还是客气的说法。我认为有了奸情没有不遭杀害的。她的丈夫知道之后会杀，有奸情的人嫉妒也会杀，因为奸情而导致死人的，法律会诛杀。侥幸漏网的，冤鬼会杀他。因为贪色而导致疾病的，会有各种虚脱之症状，名医也难医治，主宰其寿算之神也会杀他。一个人用可以有所作为的身体，却陷入这样必遭杀害的境地，这难道不是愚蠢吗？

于铁樵曰：杀人者，戕其后天。而淫人者，乱其先天。且杀人者，恨之也。若淫人者，何恨于其丈夫翁姑父母，又何恨于蛾眉，而必欲污其身，丧其节也。

【译文】于铁樵说：杀人的人，会损害后代。而淫乱的人，会搅乱自己的天性。杀人的人，是因为仇恨。而淫乱的人，哪里又曾经恨过自己的丈夫公公婆婆和父母呢？哪里又曾经恨过美人呢？所以说，一定是先玷污了自己的身体，再毁坏他人的节操。

有夫妇，然后有父子兄弟。淫人者，不独乱夫妇一伦，并乱人父子兄弟，五伦遂亡其三。甚至使彼祖先有不歆非类之痛，神诛鬼责，能或逭乎。

【译文】人伦关系中，夫妇是最根本的，有了夫妇，才会产生父母和子女、兄弟的伦常关系。淫乱他人的人，不单单乱了夫妻这一人伦关系，而且将人伦中父子、兄弟这一伦也搅乱了，五伦之中已经被搅乱了三伦。甚至使得他的祖先有一种非我族类的痛苦，神鬼诛讨的恶报，能够逃脱得了么？

今人往往为一情字所惧，不知情之一字，天予我为忠孝友悌，仁民爱物用也。正用之，则为圣贤；邪用之，则为禽兽，可不惧哉。

【译文】 今天的人常常因为一个情字可以得到快乐，但不知道情这个字，是上天赐予我作为忠孝友悌、仁民爱物所用的。用到正道上，就是圣贤；用到歪路上，就是禽兽，我们能不惧怕吗？

陈眉公曰：《书》云：天道福善祸淫。盖此一关，是理欲关，是净秽关，是通塞关，是贵贱关，是生死关，是天堂地狱关。何言之？人之一心，非理即欲，而好色者，欲之根也。一好色，而诸欲皆萌矣；一觑破，则万善咸集矣，故曰理欲关。心本至清，好色而清者浊矣；身本至洁，好色而洁者污矣，故曰净秽关。此中浩浩，何在不宜，一着于色，便生窒碍，甚至父子因之睽离，功名因之阻滞，学问因之无成，非通塞之关而何？吾气刚大，上凌太空，吾情慈悯，下济万物。何等高贵，乃一涉淫私，事机泄露，甚至奴颜不知羞，婢膝不知耻。才子混身于下隶，书生行等于穿窬，非贵贱之关而何？若夫精神完固，而寒暑难入；骨髓流滑，而百病丛生。更有少年科第，九五尊严，千年道行，一念不禁，莫能救药，真生死之关也。至于天堂不必在天，存光明之性体，无处非天堂也。地狱不必在地，陷贪恋之火坑，无处非地狱也。更或前念迷，即是地狱；后念觉，即是天堂。迷觉分于俄顷，堂狱遂判云泥，真天堂地狱之关也。诚可慨也夫，诚可畏也夫。纵欲者，是杀身之利刃；贪淫者，乃绝嗣之毒药。世有壮夫而盛年夭殁，善人而身后不昌，皆纵欲贪淫之故。

【译文】陈眉公说：《书经》上讲：上天会给善人降临福报，给淫人带来灾祸。所以这一个关键，是天理人欲的关键，是清净污秽的关键，是让人通达明了和昏庸闭塞的关键，是区分贵贱的关键，是生死的关键，是天堂和地狱的关键。为什么这么说？因为人这一颗心，不是理性的就是充满欲念的。而喜欢美色，这是欲望的根本。一旦好色，各种欲望会逐渐萌生。一旦看破，万种善念都回聚集到一起。所以说这是天理人欲的关键。心本来就是非常清净的，因为贪色而导致浑浊。身体本来是非常纯洁的，因为贪色而导致污浊。所以说是清净污秽的关键。如果循规蹈矩，有什么事情不合适的呢？一旦沉迷女色，就会产生种种障碍。以至于父子生恨，功名受阻，学问无成，这难道不是通达明了和昏庸闭塞的关键吗？我们的内在之气又刚健又宏大，可以翱翔于太空，我们的情感本来就慈祥悲悯，可以帮助众生。这是多么高贵的一件事情呀，现在却牵涉到淫乱私情，事情败露，奴颜卑膝，不知羞耻。本来是很有才华的人，却老在干着低贱的事情，本来是读书的人，却做着小偷小摸的事情，这不是区分贵贱的关键么？如果精神完好，寒暑不能侵入。而一旦精髓流失，百病丛生。还有的年纪轻轻地，就考中科举，本来是很尊贵的人，有着很深的道行，却禁不住这欲念的诱惑，没有药物可以救治，这果然是生死的关键呀。天堂不需要在天上，身存光明，没有一处不是天堂。地狱不必在地下，身陷贪恋爱欲这样的火坑，没有一处不是地狱。前一念头执迷，就是地狱，后一念头觉悟，就是天堂。执迷与觉悟在片刻之间可以区分，天堂和地狱在瞬间可以判别，这真是天堂和地狱的关键呢。这果然是令人感慨，令人敬畏的事情呀。纵欲的人是一把杀身的快刀。贪恋淫欲的人，是断绝后代的毒药。世上有强壮的汉子而在盛年亡故的，有善良的人却没有后代的，这都是因为放纵淫欲的缘故。

陈掌书曰：淫邪之孽，一时虽不见报，然冥冥之中，有默消其福者，有阴夺其算者，有削去其科名者，有死于蛇虎刀兵、官非水旱者。更有自身暂脱，而报于子孙，今世未偿，而酬于来世者。譬如密罗之雀，处处无逃，漏器之鱼，渐渐就死。故绝嗣之坟墓，无非轻薄狂且，妓女之祖宗，尽是贪花浪子。古云："劝君莫借风流债，借得快时还得快，室中自有代还人，你要赖时他不赖。"诵之悚然。

【译文】陈掌书说：淫邪的罪过，虽然一时看不见报应，但是在冥冥之中，却有暗暗地消折他的福气，有暗暗地夺掉他的寿算的，有削掉他的功名的，有死于蛇虎之口、兵荒马乱、官兵强盗、水灾旱灾的。还有的，自身暂时逃脱，但报应在子孙身上的，现世未报，但在来世得报的。好像密网中的麻雀，无处可逃，渔网中的鱼儿，逐渐就死。所以说没有后代的坟墓，多半是些轻薄狂乱之徒，妓女的祖先，都是贪花浪子。古语说："奉劝君子不要去借风流债，借的来还得也快，家中自然会有代替你还的人，你要赖时他不赖。"一读让人警醒。

孽海茫茫，首恶无非色欲；尘寰扰扰，易犯惟有邪淫。拔山盖世之雄，坐此亡身丧国；绣口锦心之士，因兹败节隳名。始为一念之差，遂至毕生莫赎。何乃淫风日炽，天理沦亡。以当悲当恨之行，反为得计；而众怒众贱之事，恬不知羞。刊淫词，谈丽色。目注道左娇姿，肠断帘中窈窕。或贞节，或淑德，可敬可嘉，乃计诱而使无完行；若婢子，若仆妻，宜怜宜悯，竟势逼而致玷终身。既令亲族含羞，尤使子孙蒙垢。嗟嗟。

【译文】孽海茫茫，首恶不过是色欲；尘世间的纷纷扰扰，最容易犯的就是邪淫。本来是拔山盖世的千古英雄，结果却因为这个亡身丧国。本来是才华横溢的风雅文士，都因为这个败坏了名节。刚开始都是一念之差，到最后成终生遗憾。为什么这世道总是淫荡的风气日渐火热，而天理却逐渐沦亡了呢？本来应当要悲愤痛恨的行为，却以为计谋得逞，而众人共怒认为卑贱的事情，却一个个不知道羞耻。刊登淫词，谈论美色，走路时目光注视着路边的美人，心里想着床上的佳人。让守节的妇人，有淑德的美人，一个个中计而不能守节。要么是婢女，要么是奴仆的妻子，应当怜悯，却用强势相逼玷污她们的身体。既让亲戚蒙受耻辱，又让子孙感到羞愧。真是令人感叹！

总因心昏气浊，贤达佞亲；岂知天地难容，神人共怒。或妻女酬偿，或子孙受报。绝嗣之墓，无非好色狂徒；妓女之祖，尽是贪花浪子。当富，则玉楼削籍；当贵，则金榜除名。笞杖流徒大辟，生遭五等之诛；地狱饿鬼畜生，殁受三途之苦。从前恩爱，至此皆空；昔日风流，而今安在。与其后悔以无从，何不早思而弗犯。谨劝青年烈士，黄卷名流，发觉悟之心，破色魔之障。芙蓉白面，不过带肉骷髅；美艳红妆，乃是杀人利刃。纵对如玉如花之貌，常存若姊若妹之心。未破者，宜防失足；曾犯者，务早回头。更望辗转流通，叠相遁述。必使在在齐归觉路，人人共出迷津。则首恶既除，众邪自熄；灵台无滞，世荣垂远矣。

【译文】 总是因为心智昏迷神气浑浊，疏远了贤达的人而亲近了奸佞的人。怎知道天地都难以容忍，神仙和凡人都同样愤怒，要么让妻子女儿去报偿，要么是自己的子孙受到报应。没有后代的坟墓，都是些好色狂徒；妓女的祖先，都是贪花浪子。本来是应该富有的，结果与富有无缘。本来是应当显贵的，结果金榜除了名。遭受鞭刑杖刑徒刑流放这样的刑罚。死了之后还遭受地狱、饿鬼、畜生这三途的苦。从前是恩爱的，如今都已经成了空幻。往日风流，现在还在哪里呢？与其后悔了不知所从，为什么不早点反思而不去触犯呢？奉劝各位有志青年，读书人，要早点发愿觉悟，破除色魔的障碍。像芙蓉花一样的白色脸庞，不过是带了肉的骷髅；美艳装束的女子，却是杀人的刀子。纵然面对着如花似玉的面容，也应该常常存着像自己的姊妹一样的心念。还没有破戒的，最好防范他千万别失足。曾经犯过此戒的，一定要早点回头。更加希望多传播，多讲述，一定要使大家早点觉悟，人人都能够走出迷津。这样最大的恶行已经消除，各种邪念就会自动熄灭。灵慧将无所滞留，世代将永远享受荣光。

冒嵩少曰："诸恶业中，惟贪色一关，最难打破。"然人分两种，而受病亦异。庸夫俗子，色心难断，意械未工，显蹈明行，罔知顾忌。至于文人学士，业已肄习圣贤，竟尔雅擅风流，侈标逸行，干名犯分，裂检溃闲，机关不止千般，流毒直兼数世。呜呼，人纵才情不减相如，何必效临邛之窃；若事功未齐少伯，奚堪仿五湖之游。青衫泪湿事虽美，而未必概司马生平；红拂叩门遇诚奇，而岂足尽卫公俊伟。我愿世人，宁甘朴拙，莫羡多情；纵有机缘，且思阴报。若腐言不堪入耳，岂往事尽涉虚无？触目警心，当效柳下惠之坐怀不乱，韩魏公之助金还券，庶阴功其不浅。吾所望于文人学士者，百倍于庸夫俗子矣。

【译文】冒嵩少说："在所有的恶业之中，只有贪色这一关，最难打破。"但是人分为两种，受此病害的不一样。凡夫俗子，贪色之心很难断掉，他的意念起不了作用，就明着来，没有顾忌。但是文人学士，已经学习了圣贤的道理，竟然精通风流事，显示才学，违犯名分，败坏风气。设下千般巧计，传播数世流毒。哎呀！人即便才情比司马相如没有差，又何必去学他用琴声挑逗卓文君呢？即便功劳比不上范蠡，又何必模仿他携美人畅游五湖呢？江州听琵琶，泪水湿透衣衫，事情虽然美好，不能代表白居易（出自白居易《琵琶行》诗："座中泣下谁最多，江州司马青衫湿。"）的一世清名；红拂女深夜相投，遭遇确实传奇，岂可形容李靖的才智出众呢？我希望世人，宁可朴拙，不要羡慕多情的人。即便有机缘，也一定要想自己阴间的报应。如果认为这些是腐朽的言论而不想听，难道以往的事情都是虚无的么？应当触目惊心呀。要学习柳下惠坐怀不乱，学习韩魏公用金子相助帮忙还券，这样的阴德不少呀。我对文人学士的期望，超过了对凡夫俗子期望的百倍。

今人见利刃，必相戒勿近；见争斗，必相戒勿入。为其有害于人也。若窥人妇女，则往往受欧，淫人妻女，则往往被杀。其害更显于利刃争斗，而人反恬然安之。是奚啻以利刃为可戏，以争斗为可乐也。

【译文】今天的人看见锋利的刀子，必然相互告诫不要靠近；看见争斗，必然相互告诫不要卷入。因为它对人有害。但是如果悄悄地看见美艳妇女，就往往前往遭到殴打。奸淫他人妻女的，往往被杀害了。这样的危害更加比拿着锋利刀子争斗显著，但是这些人却非常安然地身处其中。难道不是把拿着锋利刀子相互争斗看作娱乐吗？

刘昭华曰：人日在火宅中，情欲煎熬，迷而不悟，如飞蛾投网，辗转粘缚，以至于尽，良可哀也。

【译文】刘昭华说：一个人天天在火坑之中，情爱煎熬，执迷不悟，就好像飞蛾扑入网中，纠缠不清，直到绝尽，这样确实是悲哀啊。

痴迷之辈，与妇人成奸后，因其枕边同衾同穴之语，遂认假为真，以致倾家丧身而不悔。不知失节之妇，有何廉耻。彼既忘其夫而委身于我，安知不移爱我之心，而转属之他人乎。往往见妇人私一男子，始则情如胶漆，继则视同陌路，久之反成仇雠者有之矣。落花有意，流水无情。争奸相杀，皆由此起。奈何信其枕边哄诱之词，甘心倾家丧身而不悟也。岂不愚哉。

【译文】有痴迷于此的人，跟妇人通奸之后，把枕边话语当成真的，为此倾家荡产而不悔。他不知道失掉贞洁的妇人，有什么廉耻呢？她既然忘掉了自己的丈夫而将身子给了你，怎么就不会从你的身上移情别恋他人呢？经常看到的是，女人私会一个男子的时候，刚开始像胶一般粘在一起不能分离，后来就像陌生人一样了，久而久之，反目成仇的也是有的。飘落的花虽然有意，但是流逝的水却没有情意了。因为奸情而相互杀害的，都是因为这个而起。怎么能够相信女人枕边话语而为之倾家荡产且不觉悟的呢？这难道不觉得愚蠢么？

昔杨诚齐善谑，尝谓好色者曰，阎罗王未曾相唤，子乃自求押到,何也?熊勉庵闻而叹曰:今人广置妾媵,渔色纵欲者,即自求押到之辈也。我劝世人,有则改之,无则加勉,何如何如。

【译文】往日杨诚齐善于调侃,曾经对好色的人说,阎罗王还没有召唤你,你就自己去报到了,为什么呀?熊勉庵听说之后叹息说:今天的人妻妾成群,贪色纵欲的,就是这些自己去向阎王报到的人呀。我奉劝世人,有的要改正它,没有的要多加勉励,这样如何?这样如何?

世传彭祖八百岁,饵云母,御女凡数十。后娶郑氏,妖淫善媚,败道而死。则知色之为害,不独愚人丧躯,即修真驻年者,亦因之而殒命也。

【译文】相传彭祖八百岁,以云母为食,一晚上可以同数十个女的睡。后来娶了郑氏,是一个妖媚淫荡的女人,令得彭祖败坏了道行而死了。由此可知色的危害,不但使愚蠢的人丧生,即便是修炼多年的人,也有可能因为这个而丧命。

内典云:女色于人,是众苦本,障碍本,杀害本,忧愁本,故达者远之。又云:人无子息,乱人妻故,子女好淫,乱人室女故。

【译文】佛经中说：女色对于人来说，是所有痛苦的根本，是障碍的根本，是杀害法身慧命的根本，是忧愁的根本，所以明白这个道理的人会远离它。又说：人没有子嗣，是奸淫别人妻子的缘故。子女淫荡的，是因为淫乱他人女儿的缘故。

慈受禅师偈云：女色多迷人，人惑总不见。龙麝暗薰衣，脂粉厚涂面。人呼为牡丹，佛说是花箭。射人入骨髓，死而不知怨。

【译文】慈受禅师有首偈说：女色大多迷人，人总是受到迷惑而看不见根本。用龙麝香料熏衣，用厚厚的脂粉涂上面庞。大家都说是牡丹，佛却说是花箭。射入人的骨髓里面，死了也不知道怨恨。

道书曰：淫人之罪，加杀人数等。又云：凡人苦修功行，诸罪俱可消解。惟曾破处子之身者，后虽道高行满，不能开释，必受过恶报，方得成真。

【译文】道教经典上说：奸淫这样的罪行，应当比杀人更甚。

又说：凡人苦苦修炼，各种罪行都可以消解，只有曾经破了她人处子之身的，后面虽然道行高超，也不能够开释，一定要受到恶报后，才会成为真人。

达摩祖师《皮囊歌》曰：尿屎渠，脓血聚，算来有甚风流趣。世人恣情躭色，动曰因缘，非也。业境相随，互为流转。夙生魔障未消，还来亏损其德耳。

【译文】达摩祖师的《皮囊歌》里说：这是屎尿的渠道，这是脓血集聚的地方，算起来有什么风流的趣味呢。世人放纵情色，动不动就说姻缘，不是的呀。是业境相随，相互流转。过去生的孽障尚未消除，所以来亏损自己的德性呀。

钟离祖师《戒淫歌》：谁家少艾颜如玉，钟情故意迎人目。多少贤豪善检束，到此关头便失足。可怜失足欺幽独，妄谓罪微犹可赎。岂知天将淫恶录，载在簿中罚甚酷。折却祖宗遗下福，削尔前生修下禄。损尔悠悠好寿数，斩尔绵绵广嗣续。罚之不已令变畜，甚至永使堕水族。看此惨报我亦哭，叹人何苦迷粉髑。今恳世人听忠告，好色来前避欲速。他女原非尔花烛，他妻原非尔眷属。他女勾尔入他室，尔莫从他暗相逐。他妻诱尔同他宿，尔莫与他私相熟。尔若魂销无把握，但想一误入地狱。尔若欲火难降伏，但想一犯遭冥戮。想到此间身觳觫，自觉心灰如槁木。心如槁木纯无欲，鬼神闻之皆敬服。

【译文】钟离祖师《戒淫歌》说：谁家少女颜如玉，故意对人眉目传情。多少圣贤豪杰平时都十分注意约束自己，到了这个时候就失足了。可怜失足时是单独的，以为罪恶比较小可以赎回。怎么知道上天将这种淫恶检录了，记载在功过簿中惩罚更严厉。折损了祖宗遗留下来的福分，削减了前生修来的厚禄。折损了他很长的寿命，斩断了他很多的子嗣。惩罚他还不够，让他变成畜生，甚至让他永远变为水族。看到这样凄惨的报应，我只能够哭泣。感叹人间为什么苦苦迷恋着女色，今天请大家听我忠恳的劝告。美人到跟前要速速避让，他人的女儿并非你的对象，他人的妻子并非你的眷属。他人的女儿勾引你到他的房间，你不要和她暗暗牵连。他的妻子引诱你同她同房，你不要与她相互纠缠。你如果把握不了自己，要想到这样会误入地狱。你如果欲火难以降灭，只要想到一旦触犯会遭到阴间刑法。想到这些，你的身体就会产生恐惧，自己也就会心灰意冷，像枯死的树木一样。当你的心像枯木一样的时候，就没有欲望了，鬼神见了也会佩服的。

纯阳祖师垂训曰：生我之门死我户，几个惺惺几个悟。夜半铁汉自思量,长生不死由人做。二八佳人体似酥,腰间仗剑斩凡夫。虽然不见人头落,暗里催人骨髓枯。酒色财气伤人贼,多少英雄被他惑。若能摆脱这尘凡,便是九霄云外客。浮生何事多偏性,酷贪花酒伤生命。一旦卧病悔噬脐,使尽黄金药不应。

【译文】吕洞宾祖师有过训诫:掌控我生死的门户,有几个能够醒悟。在夜半的时候多自己思考,长生不老和死亡都是由人自己作主。十六岁的美人身体像酥糖一样柔软,但是腰间却有一把利剑能够斩杀凡夫俗子。虽然看不见人头落地,暗暗地却让人骨髓枯竭。酒色财气都是暗暗伤人的东西。好多的英雄都被他迷惑了。如果能够摆脱这种尘世的烦恼,就是九霄云外的逍遥客人。人的这一生中为什么这么偏好贪欲呢?贪爱吃花酒伤害了生命,一旦病倒方才悔悟,就算是倾家荡产也医治不了呀。

又《慧剑歌》曰:柳为营兮花作寨,绝世佳人称主帅。酒兵日夜苦相争,又有笙歌增气槩。杀人妙算是风流,斩将奇谋有恩爱。任他举鼎拔山雄,但与交锋无不败。力战筵前气血衰,洞房叠媾神精瘵。连年累月不解兵,管教性命从兹坏。劝君修德立城池,不淫不纵守关隘。一朝修得慧剑成,诛尽酒魔与粉黛。

【译文】又有《慧剑歌》说：以烟花柳巷做营寨，让绝世美人做了主帅。日夜酗酒，莺歌燕舞。杀人之妙就在于风流，就像斩了将领的奇妙计谋一般还谈些恩恩爱爱，就算他是力拔山河的盖世英雄，但是与这些交锋没有不失败的。在床前相互交合让气血枯竭，在洞房之中苟合让精神倦怠。经年累月不松懈，一定会让他的性命从这里开始变坏。奉劝各位要以修德来树立城池，不淫乱、不纵欲，坚守关卡。一旦修得了这把智慧之剑，就能戒除酗酒和好色。

又《戒贪花酒歌》曰：戒汝休贪酒与花，才贪花酒便亡家。只因酒引花心动，自是花迷酒后斜。酒后看花情不厌，花前酌酒兴无涯。酒残花谢黄金尽，花不留人酒不赊。

【译文】又有《戒贪花酒歌》说：告诫你不要贪吃美酒与美色，一旦贪吃就会失去家庭。因为美酒会引诱色心启动，当然是迷恋美色沉溺其中。吃了酒后看美人欢爱不会厌倦，美人伴酒兴致勃勃没有终点，等到酒喝完了，美人离去，钱财用光，这个时候美人不会留恋你，酒帐也不会赊欠的。

遏淫良法

扫一扫 听导读

一生患好色，问王龙溪先生。先生曰：有人设帐一所，指汝曰此中有名妓，可褰帷就之。汝从其言，入视，乃汝妹汝女也，汝此时一片淫心，亦顿息否？曰：息矣。先生曰：然则淫本是空，汝自认作真耳。

【译文】有一个读书人贪好美色，问王阳明先生。先生说：有人设了一处帷帐，告诉你这里面有个很出名的妓女，你可以进去享受。你听从他的话，进去一看，却是你的妹妹或者你的女儿，你这个时候的一片淫荡的心，是否顿时熄灭了呢？读书人说：熄灭了。先生说：就是这样呀，淫欲本来就是空，你自认为是真的罢了。

淫念从几微而起，遏之之法，亦必从几微邪念方起时，旋自扑灭。略一放宽，即炽盛难息矣。初起即灭之诀有四语，曰：

律极重,报极近,祸极速,名极丑。

【译文】淫欲的念头从很小的地方而起,遏制它的办法,就必须从细微的邪念刚开始产生的时候,就立马扑灭。稍微一放纵,就会炽热难以熄灭。刚开始熄灭它的口诀有四句话,是:刑律很重,报应很近,祸害很快,名誉很丑。

黄家舒曰:邪缘偶值,猝然动念之一刻,惟有报应二字足以制之。试想艳冶当前,不纳不乱,不过片刻能持,即可登大魁,享禄寿,福子孙。否则纵情任妄,转霎成空,而褫功名,减禄寿,近殴杀,思之真可畏也。

【译文】黄家舒说:邪恶的源头是偶然之间动念的那一刻,只有报应两个字可以把它克制住。想想妖冶艳丽的女人在面前,不接纳不淫乱,只不过是片刻的功夫,就可以登上很高的位置,享受荣华富贵,福气会延续到子孙。否则纵情妄为,什么都会成为一场空,剥夺功名,削减寿禄,近的可会被殴斗杀害,想想真可怕呀。

古有贤者,当淫念勃发时,以手置火,不堪痛楚,淫念遂息。如不息,则澄怀冥坐,视身如死。又神往故人之墓,自思曰，此人在世如我，我来日在墓如彼，淫乐何为哉。更有不堪淫念者，搏雪为丸，裸体受之，藉雪之寒，灭火之炽。或曰：不虑伤生乎。曰：择祸取轻耳。

【译文】古代有贤德的人，当他的淫念刚开始产生的时候，就把手放在火中，不能忍受被火烧的痛苦，淫念就熄灭了。如果不熄灭，就放宽胸怀开始静坐，把身体当作死去了一样。又或者灵魂前往故旧的墓地，自己想，这个人在世的时候就像现在的我一样，我将来也会像他一样在坟墓之中，有什么淫乐呢？还有不能忍受淫荡欲念的人，做雪球放在裸体的身上，借助雪的寒冷，灭掉心头的欲火。有人问他：不考虑伤害身体么？他说：在祸害之中选择轻一点的罢了。

格言曰：余幼见《文昌戒淫文》曰："未见不可思，当见不可乱，既见不可忆。"余惕然自省而力制其心，视长如姊，视少如妹，视此事如砒霜毒药，毫发沾身，即烂其皮肉，以至筋骨。幸此生无邪缘之凑，荷神明之默相，更盟于正神之前，愿我累生如今世之操心，稍有不诚或提撕我于梦寐之中，或警觉我以疾病之苦。立愿深切，以此砥行，以此贻谋，世世子孙，闺门无失德，则幸甚矣。

【译文】有一则格言这样说：我年幼的时候看见《文昌戒淫文》说：没有见到不能乱想，见到了不能乱性，已经见到就不能想入非非。我警惕而自省用力控制我的心，看见年长的美人视如自己的姐姐，看见年少的美人视作自己的妹妹，把这件事情看作是毒药，只要一点点沾上，就会腐烂我的皮肉，伤了我的筋骨。所幸的是这一生中没有这种邪念聚集，全赖神明保佑，在神明面前发誓，希望我像今生所执持的心志，如果稍有不诚实，可以在我梦中教导我，可以用疾病来警示我。发誓立愿很深切，用这个来砥砺自己的行为，用这样的训悔，让自己的世世代代没有失德的事情，这是非常幸运的事情。

高忠宪曰：自妻妾而外，皆为非己之色。淫人妻女，妻女人淫，夭寿折福，殃贻子孙，皆有明验显报。世人当竭力保守，视此身如白玉，一失手即粉碎。视此事如鸩毒，一入口即立死。须臾坚忍，终身受用，一念之差，万劫莫赎。可畏哉！可畏哉！

【译文】高忠宪说：除了自己的妻妾之外，其余的都不是自己渔色的对象。奸淫他人的妻子女儿，自己的妻子女儿也会被他人奸淫，还会损寿折福，贻害子孙，这些都是有明显的报应的。世人应该竭尽全力保守清操，视身体如白玉，一旦失手就会粉碎。要把这件事情当作毒药，一旦入口就立即丧命。在片刻之间坚守忍耐，终生会受用无穷。一个念头的差异，就会导致万种劫难难以救赎。真可怕呀！真可怕呀！

吴仲子曰：人当行邪才毕之后，还一内照，未有不自悔自恨者。心中恐惧疑惑，举止跼天踏地，即此便是生入地狱。若能当境执持，慧剑立斩，片时之后，神清气爽，明日心广体胖，举止安泰，即此便是成佛作仙境界，不必说到报应地位也。

【译文】吴仲子说：当人行了邪念完毕之后，再来自我观照，没有不后悔自责的。心中的恐惧和疑惑，举止猥琐不堪，这不就是人间地狱。如果能够在这种境况之中有所把持，用智慧之剑斩断邪念，片刻之后，就会神清气爽，明日里也会心宽体胖，举止平安康泰，这个就是成佛成仙的境界呀，还不必说到报应这回事呀。

卜锡范曰：人于女色，未见时，贵有定力；一见时，贵有慧力；方乱时，贵有忍力。平日存心诚正，日日语善视善行善，是定力也；勘破欲火之为魔障，欲事之为空花，干犯之为祸根，是慧力也；念到苟合之时，司过之神在旁，三台北斗之神在头上，三尸灶神在我身我家，记录者，瞋视者，纠察者，如电之目，都无躲避，是忍力也。人能具足此三者，则幽明神人，钦敬尊礼，本身身后，福寿与俱矣。其得失可以片时衾枕之乐相衡也哉。

【译文】卜锡范说：人对于女色，没有看到的时候，贵在有定力；一旦看到的时候，贵在有慧力；刚开始心乱的时候，贵在有忍力。平日里存了诚实正直的心，天天说善言观善行做善事，这是定力呀；能够看破欲火是魔障，欲事是空花，触犯了它就生祸根，这是慧力呀；当想到要苟合的时候，司过之神就在身旁，三台北斗之神就在头上，三尸灶神就在我身中我家里，有记载过错的、有注视着的、有纠察的，这样像闪电一样的目光，无处可躲，这是忍力呀。一个人能够具备这三种力量，那么天地神明都会对其表示尊敬，自身及后人，都会有福寿。这样的得失岂能是片刻的床笫之欢所能相比的吗？

蔡予之曰：凡人最易失足，只在艳冶当前，勃然难制之一刻。试思闭目不窥，坐怀不乱，不过片时能持。而可以登大魁、致显位、享荣华、光祖宗、福子孙。较之青灯黄卷，与他途积德累仁，遂事半功倍。若此，人何苦不勉自禁抑耶。然不可因望报不效遂生退悔，报迟者其效深，报速者其效浅。倘操守不坚，纵情任意，彼墙花路柳，粉白黛绿，转眼成空。而由此夺算，由此减禄，甚或由此杀身。且命该富贵者，改注贫贱矣；数应平安者，倏来祸变矣；分应有子者，罚令无嗣矣；应得贵子贤孙者，偏生不才子孙矣。且又有地狱报，来世报，妻女淫泆报，子孙困穷报，人即至愚，何苦以俄顷之欢娱，博终身之荼毒也。"

【译文】蔡予之说：凡人最容易失足，只因为在妖艳的美女面前，这一刻性欲顿起难以遏制。尝试着闭着眼睛不去看她，坐怀不乱，也就是一下子可以把持住。就这样可以考取功名，登上显赫地位，享受荣华富贵，光耀祖宗，福及子孙。相比于读书生活，和其它途径辛苦积累功德，要事半功倍。如果是这样，每个人为什么不自我勉励，自己禁止欲望呢？然而不能因为看到没有立即报应而产生后悔，因为报应迟的人报应大，报应快的人报应小。如果不坚持操守，任意纵情，这路边野花道旁柳，这红绿美女，转眼就变成空了。而因为这个要计算，要减掉寿禄，甚至因此惹上杀身之祸。更何况命里本应富贵的人，结果因此贫穷；命数本来平安的人，结果忽然起了祸端变数；命中本来有子孙的人，却惩罚他没了子嗣；本来应该生孝子贤孙的，却偏偏生了不肖子孙。更何况还有地狱里的报应，来世的报应，妻子女儿被淫的报应，子孙受穷困的报应，人到了这等愚蠢的地步，又何苦去用片刻的欢乐，换取终身的毒害呢？

杨持庵曰：人非禽兽，皆具觉性，乃贪淫之人，真性迷锢，特未之思耳。请以五思进：一曰思败亡。妹喜亡夏，妲己亡商，褒姒亡周，飞燕亡汉，玉环亡唐。以帝王之福，而一耽美色，遂至身弑国灭，况常人乎？人能思败亡之惨，则不能不远色。一曰思魔障。我与圣贤同此心，而乃举念邪淫，皆录恶业深重。色魔为妖，固知此邪淫之念，非我之本心，乃我之魔障也。魔障其可纵乎？人能思魔障之害，则不敢不戒淫。一曰思苦趣。昔人谓囹圄罪人，身撄桎梏，心畏刑诛，皆缘前世贪淫好色，故此生惧诸苦趣。人能思苦趣之害，则不敢不禁欲。一曰思流弊。居室大伦，夫妇有别，人而耽于色欲，不惟家政废弛，坐见子孙狼狈，亦且刑于不肃。爰启后世邪淫，此流弊不可不思也。一曰思堕落。贪欲无已，则心坏性灭，行污耻丧，膺鬼神之诛，谴入禽兽之恶道，此堕落不可不思也。人能以此五思，涤己五欲，则蛾眉皓齿，皆可视若空华，欲孽淫根，不难断以慧剑。何至饮情痴之酖，而终身迷锢哉。

【译文】杨持庵说：人并非禽兽，都是有悟性的人，贪好淫欲的人，只是真性被迷惑了，没有仔细思考罢了。请大家五思：一要思考败亡。妹喜使夏朝灭亡，妲己使商朝灭亡，褒姒使周灭亡，赵飞燕使汉灭亡，杨玉环使唐灭亡。以帝王本身的福气，却耽搁在一个美女身上，从而导致自己死了国家灭亡。而何况是常人呢？如果人能够思考败亡的惨烈后果，就不会不远离女色。再者要思考魔障。我和圣贤是一样的心，而举止之间都在思考淫邪的事情，被记录恶业深重。色魔是妖，本来知道这是邪淫的念头，并非我本来的心，这是我的魔障。魔障可以放纵么？人如果能够思考魔障的危害，就不敢不戒掉淫欲。再次思考苦报。古人说监狱里的犯人，他身披枷锁，心里畏惧刑罚，都是因为前世贪淫好色，所以此生受各种苦报而忧虑。人如果能够思考这苦报的危害，就不敢不禁欲念。再思考流弊。家中的伦理，夫妻有区分。人一旦被色欲耽搁，不但家里的事情荒废，看着自己的子孙做坏事，也没有权威去惩罚他。淫欲会让后世做一些邪恶的事情，这样的流弊不能不思考呀。再思考堕落。贪念欲望没有止境，心思坏了，人性灭了，行为污秽不堪，丧失羞耻，会得到鬼神的诛讨，被遣入畜生道，这样的堕落不能不思考呀。人能够用这五种思考去洗涤自己的欲望，那么美人在前，可以视如无物。欲望的根源，可以用智慧之剑斩断。又哪里来的痴情怨女，终生受惑呢？

人从欲中生死，谁能无欲。但始则浓厚，渐则淡薄。渐则念头初起，过而不留。又渐有此念，如嚼蜡无味。又渐则并无此念，斯为真功夫耳。不怕念起，只怕觉迟。

【译文】每个人都从欲望中生来死去，谁能够没有欲望呢？但是开始的时候兴趣浓厚，到后面就淡薄了。刚开始的时候念头顿起，念头过去就不要留念。再次滋生这个念头的时候，就像咀嚼蜡烛一样没有味道。又渐渐地根除了这个念头，这就是真功夫呀。不怕念头产生，就怕觉悟得迟啊。

吾人一室独居或远游旅馆，切不可邪思妄想。彼妖魔鬼怪，往往变为美女，吸人精气，害人性命。故屏绝淫孽，先以正心为主，而正心必自非礼勿视听始。盖无所触于耳目，自寂然不动于心。未见不可思，当见不可乱，既见不可忆，此正心之实功也。

【译文】我们这些人一个人独居或者是在远处游玩居住旅馆，特别不要胡思乱想。妖魔鬼怪，往往会变成美女来吸人的精气，害人的性命。所以要摒弃淫念，先要修正心念，正心要从不合礼仪的不看不听开始。因为没有什么通过耳朵和眼睛传进来，我们就可以不动心。没有看到就不会想，看见了不会乱，已经看到不能想念。这样就是修正心念的实际功夫。

佛印与东坡友善，恒相调谑。坡有妾七。一日佛印戏谓曰："君何以罗此多妾也，肯将第七妾赠乎。"坡笑应之曰："何不可者。"归语妾。妾曰："此剧谈耳。"坡曰："既已相许，未可失约，汝今弟去，视其如何？"薄暮，即以肩舆送妾往。佛印置妾龛中，复以帷幔，龛前设火盆七座，皆积炭炎烈。每盆度越一过，周而复初，终夜不辍，至晓，仍以肩舆送妾回。详述所以，坡忽悟曰："七盆火者，谓我七妾，为七火坑也，彼能度越，嗤我不能，将藉是以醒我乎？"

【译文】佛印和苏东坡玩得很好，经常相互调侃。苏东坡有七个妻妾。一天佛印笑着说："你为什么娶了这么多妻妾呢？能够将第七个妾赠送给我么？"苏东坡说："有什么不可以的呢？"回家后就告诉了这个妾。这个妾说："这当然是玩笑话罢了。"苏东坡说："既然已经答应了，怎能失约呢？你今天去，看看他怎么办？"到了傍晚时分，就用车子送着这个妾去佛印那里了。佛印将这个妾放在一个龛里，用帷幔覆盖，龛前放了七座火盆，都是火焰烈烈。佛印从每盆火过去一下，如此往复，一夜没停，到了早晨，仍然用轿子送她回去。这个妾详细地告诉了苏东坡，苏东坡忽然醒悟说："这七盆火，是告诉我有七个妾，是七个火坑呀，他能度过，嘲笑我不能度过，是要借助这个来警醒我吗？"

防淫之法，须要慧力。试思今日之明眸皓齿，二十年后鸡皮鹤发，甚不堪相对也；百年之后，皮囊臭腐，甚不堪相对也。再思今日之淫行，即明日之死征，人至于死而雄心灰矣。又要有定力。平日操持严切，念起即除，我心既定，自然守身如玉。一任妖姬美女，引诱百端，绝不转动分毫。然道高德重之人，必有魔以败之。往往十年功行，败于俄顷，更须打破此等关头，坚守得定。神鬼正于此处勘人，勘得过时功圆行满，魔军自破矣。又要有忍力。欲心既萌，猛不可遏，当思《感应篇》中，所谓司过之神，在我傍也；三台北斗，在我头上也；三尸在身，龟神在户，日月三光在天。记录者有之，照临者有之，瞋视者有之，含怒者有之，悲泣者有之，片时欲念易消。一生功名性命为甚重，何苦以百年名节、毕世前程，祖宗之积累，子孙之福禄，断送于半刻之欢娱也哉。

【译文】防止淫念的方法，需要有慧力。尝试着想一想今天是明亮的眼睛洁白的牙齿，二十年之后却是鸡一样的皮肤鹤一样的白发，非常不值得相看呀。死了之后，皮囊又臭又腐，非常不值得相看呀。再想想今天淫乱的行为，就是明天死亡的罪证，人到了死这个份上就会万念俱灰。防止淫念还要有定力。平日里注意操守，欲念产生就会灭掉，我的心已经笃定，就自然会守身如玉。任它什么妖艳美女，百般引诱，都不会有半分念头产生。然而德高望重的人，一定会有妖魔来败坏他的德行。往往是十年的修持，败于瞬间，更需要突破这种考验，坚守信念获得定力。神仙和鬼魂正是在这样的地方去检验人，检验过去就会功德圆满，妖魔自然就会败落。防止淫念还要有忍耐的力量，欲望的心思一萌生，猛烈而不能遏制，应该想到《感应篇》里，掌管过失的神灵，就在我的旁边；有三台北斗神君在我的头上注视着我；三尸神在身体上，龟神在家中，日月星三光在天上，有的记录，有的明察，有的注视，有的含怒，有的悲泣，在瞬间欲望就没有了。一生的功名性命是何等重要呀，又何必用百年的名节、毕生的前程、祖宗的积累、子孙的福禄，断送在这片刻的欢愉之中呢？

王砚堂曰：从来邪淫之事，非尽出于男子，而半由于妇人。妇人但图男子之欢，男子杀身时，彼不顾也，破家时，彼不顾也，损寿折福时，彼不顾也。貌则妍而心何狠毒欤。故曰：见美色时，作虎狼看。

【译文】王砚堂说：从来邪淫的事情，并非都来自于男子，而一半来自女子。女人期望得到男子的欢爱，男子被杀的时候，她不会顾及；家庭破败的时候，她不会管；他损耗寿命折损福祉的时候，她不会管。容貌美丽心思却何等毒辣。所以说：看见美色的时候，要当作虎狼来看。

王石隐曰：淫字，篆书云近而相狎之意，使狂童妖女，一处南海，一处北海，岂能成淫。惟其审迩，故成私也，旨哉言乎。远色之法有二：别嫌明微，彼此相隔，以身远也。美色当前，闭眼不观，以目远也。色心二字，乃世人一生受病之根。盖色之于人，比好酒好财诸事，更为难制，是以财德取祸，亦比他事更加酷烈。今欲断除此根，须于未见时猛省，于动心时用力。

【译文】王石隐说：淫这个字，篆书上的解释是接近而相互亲昵的意思。就算使狂放的男子，妖艳的女子，一个在南海，另一个在北海，又怎么能够淫乱呢？只有亲密接触，才能够成就私情，这种说法实在是符合主旨啊。远离美色的方法有两个：要区分细微之处，两人相隔很远，是身体的远离。美色在眼前，可以闭上眼睛不看，是目光的远离。色心两个字，是一个人一生中遭受病痛的根本。因为色对于人来说，比好酒贪财这样的事情，更加难以遏制。所以在财富和德行上的危害，也比其他的事情更加残酷激烈。今天想要斩断色心这个根本，必须在没有看见的时候猛然反省，在动心的时候要用力抑制。

上蔡曰：万恶淫为首，天灾人祸必随之。然天道祸淫，不加猛悔之人。盖悔则善心勃然而生，如太阳当空，万邪俱化，若悔后复犯，则成真恶，不可复禳矣。

【译文】上蔡先生说：所有的罪恶之中，淫乱的罪恶是首位的，天灾人祸必定会紧随其后。但是上天虽然降祸于淫乱的人，却不会降祸在猛然反省的人身上。因为悔悟之后，善良的心开始蓬勃生发，好像太阳当头，万种邪念消亡，如果悔悟之后又再犯，那就成为真正的罪恶了，不能再次得到原谅了。

袁了凡曰：《感应篇》云：其有曾行恶事，后自改悔，亦可转祸为福。夫改过最难，日复一日，因循不觉，但尘世无常，肉身易殒，一息不来，欲改无及。故第一要发耻心，思平日所犯，不可对天地鬼神，即是凡夫，岂不可愧。第二要发畏心，天道昭明，我犯淫恶，将来沉沦地狱，何日出头，岂不可畏。第三要发喜心，夫一息尚存，虽有罪恶，犹可改悔。古人有一生作恶，而末路移心易志，遂得善终者。正如千年幽谷，一灯才照，则千年之暗俱除。识得此意，如毒蛇吮指，速与断除，无丝毫凝滞。又如倒悬得解，远刀兵而得袵席，岂不快哉！嗟乎。苦海无边，回头是岸，同归善域，永出迷津，则成仙作佛，皆自此基之。

【译文】明朝的袁了凡先生说：《感应篇》说：人如果曾经做过恶事，后来悔改了，就可以转化祸事成为福祉。这改过最难，一天天过去，前后相续，浑然不觉。但是尘世无常，肉身容易消灭，一口气上不来，想要改都来不及。所以第一就是要发起羞耻之心，想到自己平日里所做的事情，不可以面对天地鬼神，就是庸人凡夫，岂不惭愧。第二是要发起敬畏之心。上天之道非常明显，一旦触犯奸淫，将来一定会沉沦到地狱之中，什么时候能够重新做人？怎么能够不畏惧呢？第三要发起欢喜之心。只要有一口气还在，虽然有罪恶，但是还可以悔改。古代有人一生都在作恶，到临终了转移心志，最后都得以善终。好像是千年幽暗的深谷，等到一盏明灯照耀，千年的黑暗一下子都没了。知道了这个意思，就像毒蛇咬了手指一样，迅速断掉它，没有丝毫犹豫。又好像人处困境而被解救，远离了兵刀之地而睡到了床上，怎么能够不快乐呢？哎呀！苦海无边，回头了就是岸呀，让我们一同到达善良的地方，永远地走出迷惑的地域，成神仙成佛陀，都是以此为基础。

◎睡起生觉

默想清晨睡起，两眼蒙胧，此时满口粘腻，舌黄堆积，大是污秽。当念绝世娇容，纵具倩盼美姿，而脂粉未传之先，其不净亦当尔尔。

【译文】默想清早起床，两眼朦胧，口舌之中到处是黏黏的东西，舌黄堆在一起，污秽不堪。应该想到这样的绝世美艳，就算是婀娜多姿，但在没有修饰打扮之前，她不也就是这个不干净的样子么？

◎醒后生觉

默想饮酒过度，五内翻腾，明晨忽然大呕，尽吐腹中未消之物，饿犬嗅之，摇尾而退。当念佳人樱桃小口，浅斟细酌，而杯盘狼藉之时，喉内亦当尔尔。

【译文】默想喝酒喝过头了，五脏六腑翻腾不已，第二天早晨突然呕吐，把肚子里没有消化的食物全部都吐了出来，饥饿的狗嗅到了都不肯吃，摇着尾巴走了。你要想到美人的小嘴，细酌慢饮，等到吃完了，喉咙里面不也是这些东西么？

◎病时生觉

默想卧病已久，面目黧黑，形容枯槁，又或疮痈腐溃，脓血交流，臭不可近，当念女人虽国色芳姿，其病苦缠身之日，形状亦当尔尔。

【译文】默想自己因病躺在床上很久，面色黝黑，容貌憔悴。又或者是身上的毒疮腐烂流脓，脓血交织在一起，恶臭难闻。这个时候你要想到即使是国色天香的美人，但是她生病的时候，也不过是这样罢了。

◎见厕生觉

默想通衢大厕，屎尿停积，白蜡青蝇，处处缭绕，当念女人，虽具千娇百媚之姿，其饮食消融之后，腹中烘秽，亦当尔尔。

【译文】默想大路旁的厕所里，屎尿堆积，遍处布满白色的蛆虫、青色的苍蝇。你应该想到，虽然有着千姿百态，但是等吃得食物消化之后，肚子里不也就是这些污秽东西么？

◎新死想

静观新死之人，正直仰卧，寒气彻骨，一无所知，当想我贪财恋色之身，不久亦即如是。

【译文】静观刚死的人，笔直地躺着，寒气冷彻骨髓，没有任何知觉。应该想到自己贪财爱色的身体，不久之后不也是这样的么？

◎未殓想

静观未殓尸骸，一日至七日，黑气腾溢，转成青紫，甚可畏惧，当想我眠花卧柳之身，不久亦即如是。

【译文】静静观那没有入殓的尸体，停尸一日到七日之间，黑气散溢，转变为青紫色，十分可怕，应该想想我这到处沾花惹草的身体，不久之后不也是这样的么？

◎脓血想

静观死人初烂，肉腐成脓，肠胃消糜，势将不溃，当想我风流雅俏之身，不久亦即如是。

【译文】静观死人的肉尸开始腐烂流脓，肠子和胃消磨糜烂，还没有完全腐败，应该想想自己这样风流潇洒的身体，不久之后也是这样的呀。

◎流汁想

静观腐烂之尸，停积既久，黄水流出，臭不可闻，当想我肌肤香洁之身，不久亦即如是。

【译文】静观腐烂了的尸体，停留得太久了，开始流出黄色汁液，臭不可闻，应该想一想我这肌肤香洁的身体，不久之后也是这样的呀。

◎虫噉想

静观积久腐尸，偏体生虫，处处噆啮，骨节之内，皆如蜂巢，当想我鸾俦凤侣之身，不久亦即如是。

【译文】静观这停尸很久的腐烂尸体，整个身体都生了蛆虫，在尸体内钻来钻去处处噬咬，骨节之中，好像是蜂窝一样。应该想着我那男欢女爱的身体，不久之后也应该是这样的呀。

◎筋缠想

静观腐尸，皮肉钻尽，止有筋连在骨，如绳束柴，得以不散，当想我采兰赠芍之身，不久亦即如是。

【译文】静观这腐烂的尸体，皮肉已经被虫吃光，只有筋骨相连，好像用一根绳子捆着的干柴一样，没有散开。应该想到我那男女相爱的身体，不久之后也应该是这样的呀。

◎骨散想

静观死尸，筋已烂坏，骨节纵横，不在一处，当想我踰墙钻穴之身，不久亦即如是。

【译文】静观这死尸，筋骨已经烂掉了，骨节横七竖八到处散着，不在一块。应该想到我那曾经偷情纵欲的身体，不久之后也会是这样。

◎烧焦想

静观死尸，被火所烧，焦缩在地，或熟或生，不堪目击，当想我心招目送之身，不久亦即如是。

【译文】静观这死去的尸体，被火焚烧，烧焦了蜷缩在一起，要么是熟了要么还生着，简直就不忍观看。应该想到我这个曾经召唤美人的身体，不久之后也会是这样呀。

◎枯骨想

静观破冢弃骨，日暴雨淋，其色转白，或复黄朽，人玄践踏，当想我气充精壮之身，不久亦即如是。

【译文】静观埋尸日久，坟冢破败，朽骨露出，整天日晒雨淋，颜色变成了白色，或者变成了黄色，腐朽了，人畜践踏，应该想到当初我这血气充盈强壮的身体，不久之后也会这样呀。

远色保身

扫一扫 听导读

伊川先生谓张绎曰:"吾受气甚薄,三十而浸盛,四十五十而后完。今生七十二年矣,较其筋骨,与盛年无异,皆平日寡欲,有以致之也。"绎曰:"先生岂以受气之薄,而厚为保生耶?"伊川曰:"吾以忘生狥欲为深耻。"

【译文】伊川先生程颐(宋理学家)对张绎(北宋著名乡贤)说:"我出生时体气薄弱,身体极为虚弱,到三十岁逐渐开始强盛,四五十岁以后基本很强健了。现在我七十二岁了,跟我年轻时相比较,身体素质没有什么差异,这都是因为我平时节制欲望,所以才会有这样的结果。"张绎说:"您是不是因为先天体弱,所以特别注重保养身体吗?"伊川先生说:"我深以忘记养生顺从淫欲为羞耻。"

一、好色之人,精髓散竭,每成疱瘵,至窃玉偷香之辈,朝暮出入，皆经无量恐怖，而困之以风霜，继之以饥渴，其致病尤多。即幸而此身无恙，而恶毒疮气，或发于子女之身，未有不为宗祀忧也。高堂有老亲者，尤宜戒之。

【译文】喜好美色的人，精气真髓散失枯竭，经常会染上疱疹痨病，至于那些引诱妇女苟且的人，早晚出入风月场所，都因偷情纵欲经历着精神上的无限恐惧紧张，又受到风霜之艰辛困苦，往往还遭受饥饿口渴，这些因素极容易引发各种疾病。即便是很幸运，身体没有染上疾病，但那些疮毒病菌，很有可能会遗传给自己的儿女，难免会有绝宗灭祀的担忧。家中有年迈的父母之人，尤其应当戒除好色之心。

士子读书作文辛苦，第一要节欲。盖劳心而不节欲，则火动。火动，则肾水耗散。水不能制火，而火愈炽则肺金受伤，金又不能生水，火金相克，而传变为痨瘵，必于夭亡。

【译文】读书的人读典籍写文章很辛苦，最首要的就是要节制欲望。因为读书劳心费神，如果不节制欲望，那么就会引发心火动，心火动则肾水耗费散失。肾水不能抑制身体的火气，那么体内火气就会越来越大，肺腑五行属金则容易受火气所伤，肺金又不能生肾水，火与金又相克，因而转变成肺痨之病，最终必然会导致夭折死亡。

《闲邪录》曰:"女色一事,偶而遭逢,邪心即起。机浅者,形之于口;机深者,存之于心;力懦者,寄之于思;力强者,见之于事。"试喻言之,今人见蜂蠚等虫,必驱之远之,以其能伤人也。见毒蛇猛虎,必畏之避之,以其能杀人也。若耽溺女色则精耗,精耗则神昏,神昏则心乱,心乱则身不能自主,至身不能自主,则成病而邻于死矣,是色之为害,何异毒虫恶兽哉!

【译文】《闲邪录》中写道:"女色这种事,偶然遇到后,便会立即产生淫邪的想法。心机浅的人,会在嘴上谈论淫邪之事;心机深的人,会在内心存有淫邪的想法。身性懦弱的人,就会想象淫邪之事;年富力强的人,就会去实践淫邪之事。"不妨打个比方,现在有人看到毒蜂毒虫,必然会赶走远离它们,因为它们会伤害人;看到毒蛇猛虎,必然会害怕躲避它们,因为它们会杀死人。如果沉溺于女色,那么就会耗费精气,精气耗费多了就会使神智昏浊,神智昏浊就会乱心,心乱那么身体就不能够自主控制,等到身体不能靠心控制了,那么就会引发疾病,离死也就不远了。所以女色的危害,跟毒虫猛兽又有什么区别呢?

潘从先曰:处心有乖仁恕,其伤元气者,在乎无形。如是者，鬼其杀之。嗜欲伐人神髓，其伤元气者，在乎有形，如是者，疾其杀之。此所谓有二死而非其命也。

【译文】 潘从先说：存心有违背仁义忠恕的，这种损伤元气的形式是出于无形之中的，像这样的，冥冥之中鬼神会诛杀他。嗜好情欲会侵害人的精神髓血，这种损伤元气的形式是有形的，像这样的，疾病会夺去其生命。这就是所说的两种不是因为命中注定而带来的死亡。

《衡门窹言》曰：人咸以无病为福。究而论之，病特不可多耳，亦不可无。多病，身固难保，然太无病，则流于放肆，耽淫恣欲而不自省，身亦乌乎保。故时或病苦缠身，知所儆戒，知所保摄，长年之道，未必不自有病中来，未可即以无病为福也。

【译文】《衡门窹言》说：人们都将不生疾病看做是福分，深究起来，身体疾病固然是不能太多，但也不能是完全没有。生病多，身体当然难以保存，然而总是没有疾病，那么人就会逐渐任意妄为，沉湎淫乐放纵欲望而不知道反省，身体也无法保全。因此人身体染病痛苦，就会知道有所警醒，知道注重保养。做到长寿的办法，未必不是从偶生疾病中得来的，不能贸然断定不生病就是有福分。

连蕊居士曰：断欲有十种利，反是有十害。一、身心清净，毫无所污。二、正念常存，异诸禽兽。三、气足精满，寒暑不侵。四、面目光华，举足轻便。五、俯仰天地，无惭愧色。六、省药饵费，可周贫乏。七、屏绝邪缘，胸无牵恋。八、读书作字，俱有精采。九、脾胃强健、能消饮食。十、本地风光、自有真乐。

【译文】连蕊居士说：断绝淫欲有十种好处，不然会有十种坏处。一是身体清洁心灵澄净，丝毫不会受到污染。二是正直的善念会常存心中，与禽兽不同。三是精气充足精神旺盛，可以抵抗寒冷和炎热。四是神色饱满面色红润，手脚轻盈，行动便捷。五是抬头无愧于天，低头无愧于地，为人不会感到惭愧。六是能够节省医药费用，可以用来周济贫困。七是屏弃断绝邪佞之缘，心中没有过分的牵挂。八是读书写文章，都能够有神采。九是脾胃健康，消化吸收功能好。十是心灵单纯，回归本来面目，能够体会到真正的快乐。

《金丹秘要》曰：肾堂者，元关也。心肾合为一脉，其白如线，其连如环，中广一寸二分，包一身之精粹，是为九天真一，虚和之妙。人能淡然无欲，则精气散于三焦，荣华百脉。欲事一作，则摄三焦精气，从命门而泻。即无欲事，而欲想一萌，命门火动，精气流溢，不复归根，不泄犹泄也。故《黄庭经》云：急守精室无妄泄，保而守之可长活。忿怒、恐惧、饱食、大醉、俱不可行房，恐致成病。更要避忌日子，远行疲乏，辄入房室，必成五劳虚损之症。

【译文】《金丹秘要》指出：肾脏，是人身体最重要的脏器之一。心和肾合起来形成一条经脉，这条经脉颜色白的跟线一样，连接起来像圆环一样，中间宽一寸二分，包藏着全身的精华，有着类似天极高处虚无缥缈清气的玄妙。人如果能够恬淡无欲，那么身体精气就能够散发在上、中、下三焦之间，血气旺盛游走于全身经脉之中。一旦有淫欲之事，则聚集三焦中的精气，从身体的命门流泻出去。即便是没有淫事，而淫念一旦萌生，命门的虚火就会涌动，精气流失溢出，不能回归到三焦百脉之中，虽然没有泄出体外，但效果跟泄出一样。"因此《黄庭经》说："要特别注重固守精元，不要轻易外泄，保养固守精元可以延年益寿。当情绪愤怒、害怕恐惧、吃饱饭后、喝醉酒后都不可以发生房事，恐怕这样会导致疾病。更加要注意规避不适合的时间，走远路后身体疲惫乏力，就立即行房事，必然会有产生五脏劳伤虚耗的病症。

贪淫者，好用强阳发燥之药，以取快乐，煎灼五脏，如水杯注汤，羽苞蓄火，鲜不伤神腐形者。一人酷好房术，常服一道士药，用幼女初至壬癸水修合，又以初产婴儿，捣烂为丸。初用不觉，后则头重眼荒，双珠并落，七窍流血而死。又一人得奇方，取用活狗肾入药，后竟生一犬形，亦可骇矣。更有惑于采战之说者，云是神仙秘诀。不知纯阳祖师云："精化气，气化神，始成仙。精耗气散，乃鬼也，非仙也。大抵富贵人必贪淫而畏死，故小人乘其隙而中之耳。"

【译文】贪图淫乐的人，喜欢用强阳补肾的药物，从而获得身体上的愉悦，透支压榨五脏精气，就好像往水杯里倒开水、用羽毛包裹火种，极少能够不损伤精神腐化形体的。曾经有一个人特别嗜好房中之术，经常吃一个道士给他炼制的丸药，这种药是采集幼女初次月经进行加工配制，又用刚生下来的婴儿捣碎成泥丸做丸药，开始服用的时候没有不良反应，时间长了后就出现脑袋发沉眼睛昏浊不清等症状，最后两个眼珠脱落，七窍流血而死。还有一个人得到一个奇异的药方，摘取活狗的肾作为药材服用，后来竟然生了一个形状像狗一样的孩子，也令人十分震惊。甚至还有一些迷惑于房事采阴补阳的邪说，说是神仙修炼的秘诀。殊不知吕洞宾祖师曾说过："精炼化为气，气转化为神，达到这种程度才可以成仙。消耗精元散失元气，是成鬼而不是成仙。这大多数是因为富贵之人都贪好淫乐又害怕死亡，因此小人趁着富人这种心理而虚编假造来迎合他们罢了。"

陆天池见一友,好色,为寓言以警之。曰:某帝时,宫人多得春病,医请敕数少年药之,帝如请,宫人疾愈,谢恩。诸少年伏于后,枯瘦无人状。帝问是何物,对曰,药渣。

【译文】陆天池遇见一位朋友,喜好美色,于是就说了一个寓言故事来警醒这位朋友。故事说,"在某位皇帝在位期间,很多后宫妃嫔都患有思春之病,御医请皇帝下令召几名少年作为药来医治,皇帝同意了请求,后宫妃嫔的疾病痊愈后拜谢皇帝恩泽。那些征召的少年跪在后面,形容枯槁已经没有人样。皇帝问这些是什么东西,御医回答说,这些是医治春病用完的药渣。"

寡欲最上丹头,在清净念虑、欲火焚烧,精神易竭。遂至窒其聪明,短其思虑。有用之人,不数年而废为无用,而且渐成劳瘵之患。盖不必其常近女色,只此独居时,展转一淫念,遂足丧其生而有余也。

【译文】克制欲望是最好的丹药,心境洁净时思虑,欲望之火升起,精气元神容易损耗枯竭,于是导致阻塞人的智慧,限制人的思维,本来是有用的人,不到几年时间就会颓废成无用的人,而且逐渐会有染上痨病的隐患。不一定经常接近女色,只是在自己一人居住时,翻来覆去的思想淫欲,也足以能让人丧生而绰绰有余。

寡欲广嗣

扫一扫 听导读

《畜德录》曰：世人无不急于生子，亦知生子之道，精气交媾，镕液成胎。故少欲之人恒多子，且易育，气固而精凝也。多欲之人恒艰子，且易夭，气泄而精薄也。譬之酿酒然，斗米下斗水，则醲酽，且耐久，其质全也；斗米倍下水，则淡；三倍四倍则酒非酒，水非水矣，其真元少也。今人夜夜淫纵，遍御妾婢，精气妄泄，邪火上升。邪火愈炽，真阳愈枯，安能成胎。即侥幸生子，亦不能育，或殇于痘，或殇于惊，痘者热毒，惊者热风。毒者，父母之真精不足；风者，父母之真气不固也。

【译文】《畜德录》说：人们没有不急于想生孩子的，也知道生孩子的方法，通过男女之间精气交合，精液发育成为胎儿。因此性欲克制的人总是多生儿子，而且容易养育，这是固守元气、凝聚精元的结果。性欲过度的人总是难以生子，而且孩子容易夭折，这是元气外泄、精元太少的原因。好比酿酒一样，用一斗米加一斗水酿造，那么酒的味道浓烈醇厚，而且保存时间长，这是因为酒的质地完全。一斗米多加一倍水，酒的味道就淡了，加上三倍四倍水酿造，那么酒也不是酒，水也不是水，因为其核心的物质太少了。现在的人天天晚上放纵淫乐，跟所有的妻妾奴婢交合，精元之气随意泄出，体内邪火上升，邪火积蓄的越大，真阳就会逐渐枯竭，这样怎么能有胎孕呢？即便是侥幸能够生了孩子，也不能养育成人，或者是死于痘疾，或者死于惊怖，出痘是因为有热毒，惊怖是因为有热风。有毒是因为父母的精元不充足，有风是因为父母的真气不凝固。

昔有人艰于子息，医者教以节欲静摄，勿劳心神，心静则精不摇，神完则气不走，每妻经净，乃一交媾，否则各榻，如是半年，妻果有娠。娠后即毕榻，足月之后，果生男子，后来天花只三五粒。彼求子而广蓄婢妾，不知节欲，岂有当哉？

【译文】过去有一个人难以生子，医生教导他要控制性欲静静休养，不要劳损心神。心思清净则精元不会动摇，精神饱满气息充足，每次妻子经期过后，才进行交合，然后就各自分床休息，这样过了半年，妻子果然怀有妊娠。有了妊娠后就分床就寝，怀孕月满之后，果然生了一个男孩，后来孩子只得了三五粒天花。如果他为了求生孩子而增加妻妾奴婢，不知道控制性欲，岂能够有这样的结果？

少年宜戒

扫一扫 听导读

　　《论语》云："少之时，血气未定，戒之在色。"盖人方少时，犹草木之有芽也，百虫之在蛰也。草木当始生之日，而折其萌芽，未有不摧残者。百虫当在蛰之会，而发其局藏，未有不伤损者。圣人提醒少年，使共力制色心，悚然自爱，以保养柔嫩之躯。幼时能于色欲一关，把得牢，截得断，他年元神不亏，气塞两间，立朝之日，精神得以运其经济。掀天事业，盖世功勋，真人品，真学问，皆由于此。即使不成大器，亦得以尽其天年，较死于非命者，霄壤之殊矣。

　　【译文】《论语》中说："年少的时候，血气还没有完全稳定，要戒女色"。因为人年轻的时候，就好像草木刚长出嫩芽、各种虫子潜藏蛰伏之时。草木开始生长的时候，将它的萌芽折断，草木没有不被摧残。虫子在潜藏蛰伏之时，将他们的巢穴挖开，虫子没有不被损伤的。圣人提醒年轻人，让他们致力于抑制好色之心，肃然恭敬而爱惜自己身体，从而保养正在生长的柔嫩身躯。年幼时能够在色欲这一关上，牢牢守住，断绝欲望，成年以后元神能够不亏损，悠然天地之间，当有所作为之日，精力神态才能支持自己去经国救民，有一番惊天地的事业，做出超乎当世的功绩，做圣贤和成就大学问，都是从这里而来。即便是没有成大器，也能够颐养天年，相对于那些死于非命之人，可以说是有天壤之别！

黄藜乙《蒙养篇》云：人家子弟已识字后。即禁看淫书小说。此种本属子虚乌有，少年误认为真，眩目荡心，最为害事。当稽察其背后借看，搜出即投之于火。十二岁后父即携之同寝，留心察其睡中动静。居常女婢仆妇奶子，不论美恶老少，概不许近。只此一关，能与牢守，功名寿算，终身受用不尽。年至十七八时，即为完姻，庶免神驰之病，及邪淫之祸。

【译文】黄藜乙在《蒙养篇》写道：家里的孩子已经认字以后，马上就禁止其看淫乱的书籍小说，这种书籍本来就是胡编乱造子虚乌有，但少年会误认为是真的，惑乱心志荡漾心神，这是对少年成长最有害的事。父母应常常当检查孩子有没有偷着借看淫秽书籍，如果有搜出来以后就立即烧掉。十二岁以后父亲就要带着孩子一起睡觉，注意观察他们睡觉时的动静。平常家里的婢女、下人、奶妈，不论长得美丑、岁数无论大小，一概不让孩子接近。仅就是这一关，如果能够牢牢守住，一生的功名寿命健康，终身享受不完。等到十七八岁时，就为孩子筹备婚姻，可以避免神往情欲的疾病以及淫邪的祸害。

王峰与善堂曰：木有根则荣，根绝则枯；鱼有水则活，水涸则死；灯有膏则明，膏尽则灭。人有真精，保之则寿，戕之则夭，不异于此。按医书《明堂图》，肾俞为藏精之穴，乃人生安身立命之蒂，一或受伤，其害莫测。每见人家子弟，年方髫稚，情窦初开，或偷看淫书小说，或同学戏语亵秽，妄生相火，寻求丧命之路。或有婢仆之事，而斩丧真元；或无男女之欲，而暗泄至宝。渐渐肢体羸弱，饮食减少，内热咳嗽，咯血梦遗，虚痨等症叠现，父母惊忧而无措，医药救治而难痊。一以为先天不足，一以为风寒所感，一以为补养失宜，不知皆自作之孽。其事隐微，而戕贼其性命者深也。即万端调治，幸而得痊，然早年受伤，终身多病。下元虚，令子嗣艰难，腰疼腿痛，阳痿不举，目晕头眩，未老先衰，一切劳心用力之事，皆不能任，虽留此躯，亦属无用。何以承先启后，建功立业，而享富寿康宁诸福乎。为子弟者，幸自珍惜，爱身即所以孝亲，保身斯可以扬名也。

【译文】王峰与善堂说：树木有根才能茂盛，树根没了就会干枯；鱼有水才能活命，水干涸了就会死掉；灯有膏油才能亮，膏脂没了火就灭了；人有珍贵的精元，保存住就能长寿，损害精元就会夭折，道理跟上面所说没什么区别。根据医书《明堂图》说，肾脏是贮藏精元的穴位，是人修养身心保全性命的关键，一旦受到损伤，其害无法预料。每次看到有人家的孩子，年龄不大，刚刚懂得男女之事，有些偷着阅读淫秽书籍，有些同学之间用淫秽的话相调戏，无端的产生欲火，走上了丧失性命的邪路。有的跟家里的奴婢下人发生关系，因而丧失了真元；有些虽然没有发生男女之事，但是私底下自泻了至为珍贵的东西，身体四肢逐渐虚弱，饮食减少，火热内生、咳嗽、咳痰见血、梦里遗精、虚弱痨病等病症叠加出现，父母惊恐忧愁而不知所措，靠医药救治但也难以痊愈。或是认为由于先天身体不足，或是认为由于受到风寒所侵，或认为是补充营养失宜，却不知道是自己作的孽。这种事隐约细微，但戕害人的性命也最为厉害。即便采取各种措施调理医治，幸运的将病治好，然而年轻的时候身体受伤，一生到老也会生很多病。下元亏虚，使得生育子女非常困难，腰腿疼痛，阳痿不举，头晕眼花，还没有老去身体先衰弱了，所有的费心思和用力气的事，都干不了了，虽然留着这个身子，但也已经是没用了。用什么来继承前代、启发后代，建立功勋，成就大业，从而享受富贵、长寿、健康、安宁这些福分呢？作为人子，要珍惜自己的身体，爱护身体就是孝顺亲长，保重身体才可以扬名。

人终身疾病，恒从初婚时起。年少兴高力旺，恣情无度，不知保守，多成痨怯，甚者早死，累妻孀苦。百年姻眷，终身配偶，何苦从一月内，种一生祸根。古人遇子孙将婚，必谆谆以此戒之。

【译文】人一生的疾病，常常是从刚刚结婚的时候开始的。年轻时兴趣高涨，精力旺盛，放纵情欲而没有限度，不知道保护身体，多得痨病，严重的人过早死亡，连累妻子受到守寡之苦。一生的姻缘，一辈子的配偶，何苦在一个月内放纵而种下一生的祸根呢？以前的人在子孙将要结婚之前，必然会用这个道理去教导警戒他们！

颜光衷曰：少年欲窦，何所不至。譬如口腹嗜味，愈纵愈狂，力自敛饬，则益淡将去矣。又有邪说以动之曰：好色非慧性男子不能。吁！鹊之疆疆，狐之绥绥，彼非慧性哉！任我之欲而无礼，则禽兽何殊焉？况奸则妒，妒则杀，又或遇尸痨之妇，疮毒之妓，性命不保，胎产为烂，须眉坠落，臭秽可憎。夫少年豪士，染指良家，则阴谴祸杀可虑，恃财嫖荡，则耗家恶疾可虑。何如渐忍渐戒，省些恶业，累此阴功乎？有倡此蛊惑人者，罪应与此同科。

【译文】颜光衷说：少年的欲望要求，无所不到。比如口腹喜欢吃美味的东西，越放纵越痴狂，自己努力克制收敛，那么欲望将会逐渐淡化消失。又有歪理邪说鼓动少年说：喜好美色不是聪慧的男人就做不到。唉！乌鹊胡乱匹配，妖狐媚态放纵，但它们不聪明啊。放任自己的欲望而不遵循礼制，那么跟禽兽有什么区别呢？况且有奸情就会心生妒忌，妒忌就会引来杀身之患。又或者遇到感染结核的妇人、身有性病的妓女，自己的性命保不住，妻子怀有的胎儿流产，男儿堕落，身上臭味污秽让人憎恶。少年豪杰，与良家妇女偷情，那么就会暗自招来杀身之祸，倚仗着有钱嫖娼，那么就会有耗尽家产、沾染不好的疾病的忧虑。为什么不逐渐克制逐渐戒除，减少一些罪恶的行为，积累自己的阴德呢？那些倡导纵欲蛊惑人心的人，罪孽和实施这些行为的人属于同一性质。

今之少年，专事轻薄，值素女于帘中，逢青娥于陌上，或流连注盼，或辗转凝眸。未有苟且之事，先成意想之缘，乃至入人之家，低声浅步，潜窥内室，借亲朋之闺阃，供梦寐之淫污。事之不仁，莫过于此。

【译文】现在的年轻人，专门干一些轻薄的事，在珠帘后面看到美女，在野外遇见少女，或者恋恋不舍地盯着看，或者来来回回目不转睛地看。还没有男女之间的苟且之事，先在思想上意淫一番，甚至于找到别人家中，小心翼翼地偷摸进去，偷看女子在房间的举动，借用亲戚朋友的闺房，来做梦寐以求的淫乱之事。不仁的事，没有比这更厉害的了！

黄泰一曰：邪淫之事，惟宦家富室子弟，最为易犯。盖彼生于富贵，衣服鲜华，容止修饰。平日间美姬艳婢，随其嬉戏，俊仆娈童，供其驱使。若辈见此少主，或心有所爱，或意有所图，勾引哄诱，无所不至。青年之人，血气未定，有不为其所污者哉！更有谈星论相之辈，山人墨客之俦，以及门下士、闲相公，一味逢迎，专工撮合。张家女、李家媳，满口称扬；以情挑、以财饵，当面揣摩。在言者止知投其所好，而不知听者已堕入邪魔矣。丧德害身，莫此为甚。欲保全子弟，惟在父母严谨提防。在内，用五旬以上之老妪服侍，年少之妇女，毋许近侧。在外，用五旬以上之老仆供役，年少之幼童，毋许跟随。再延文、行兼优之士，以为之师。读书写字之余，即举古今忠孝节义之事，逐日讲解。一切传奇小说，不正之书，不许私借偷看。晚课毕，即令诚实老仆，伴宿书斋，不得擅入内寝。及至文理成就，应考赴试，务与先生共往。如或不能，必请年尊有德之老友同行，令其有所严惮，作寓务在寺庙，不得凭居民房。恐本寓妇女，私相窥探，致损阴骘，至家中姑表姊妹以及三党女亲一揖之外，总不许接谈,三姑六婆,不许入门。凡亲友相邀,座中若有娼妓者,概不许往。如此刻刻防闲,庶子弟不致干犯邪淫,则福禄永而身命可保矣。此在为父母者,各各留心。而为子弟者,亦当曲体亲心,以自爱其身也夫。

【译文】黄泰一说:邪淫的事,只有官宦家族、富贵人家的孩子最容易发生。因为他们生于富贵的家庭环境,穿着的服饰鲜明靓丽,容貌举止注重梳妆打扮。平时漂亮的姬妾奴婢随便让他们嬉闹,俊俏的下人男童供他们使用。如果这类人看到这样的年轻主人,有的心里产生爱慕,有的怀有不为人知的企图,勾搭引诱哄骗,没有不用的手段。年轻人,意志还不坚定,能有不被这些人所成功引诱的吗?甚至还有那些谈论星象命理、相面的人,舞文弄墨的人,以及闲散门客、游手好闲的人,一味曲意逢迎,专门撮合男女之事,什么张家的女儿、李家的媳妇,不停地夸赞,用感情挑逗、用财物诱惑,当着面的揣摩年轻人的想法。说这些话的人只是知道说年轻人喜欢听的,而不知道听的人已经坠入魔障之中,丧失品德、伤害身体,没有比这更坏的了。想要保护孩子免受伤害,只有让父母细致周全地防备。在家中,要使用五十岁以上的老妇去服侍孩子,岁数小的妇女不能让她们接近孩子。在外面,要用五十岁以上的老头供孩子役使,岁数小的男童不要让他们跟随。再请一些文学品行修养都很高的人,作为孩子的老师。

在读书写字的空闲之时，就列举古往今来忠孝节义的故事，每天讲论解释，所有的情节离奇的小说，不符合规矩的书本，不允许他们私自偷偷的借阅。晚课完毕后，就让诚实的老仆人，陪着孩子在书房睡觉，不能让孩子擅自进入女眷的房间。等到孩子的文采道理学成以后，去参加科举考试的时候，务必要和老师一起前往，如果老师去不了，也一定要请年龄稍长品行良好的老朋友一起去，让孩子有所畏惧害怕。睡觉一定要选择在寺庙里，不能够租赁居住在普通人家的房子里，避免房子里的妇女，私下里相互偷看交往，导致损害阴德。至于家里的表亲姊妹以及父族、母族、妻族的女性亲属以外，一概不允许孩子交往聊天，三姑六婆这类人不允许到家里来。凡是亲朋好友邀请过去，如果坐席里有娼妓，一概不让赴约。这样时时刻刻注意防备，使孩子不至于沾染邪淫的事，那么就能长久地享有福禄，身体性命可以保全了。这些事，作为父母的每一项都要留心，而作为孩子的，也应当理解体会父母的良苦用心，以爱惜自己的身体。

老年宜戒

扫一扫 听导读

老年而娶少妾者,最为丧德蔑理。夫彼亦人子耳,或父母为贫而割爱,或奸人为利而盗卖,一入吾门,尊卑分定,何日舒眉。夫男女之欲,彼此同心,若以衰迈之气,当新发之绛,竭我之力,尽我之术,殊不能满其意。亦云恶矣。况妖冶盈前,枕席迭侍,岂能遍及?徒增罪孽耳。其宠极而矣者,则怨望咒诅之言,显聒于耳。精液内干,惭忿外发,本以作乐,反因受苦。其究也,必致成病。其无宠而畏我者,则愁恨忧忿之气,日积于中。欲旁私,则内外阻绝而不能;欲守贞,则一暴十寒而难耐。捣枕搥床,发抒不得。其究也,亦必成病。且我以老耄而广置妾媵,彼以少艾而不全一夫。设身细思,当有清夜不发者矣。

【译文】年纪大但却娶岁数小的妾,最为丧失德性没有情理。那些年轻的女子也是别人家的孩子,有些是因为父母贫穷而割舍出嫁,有些是奸诈之人为了牟利而拐卖的,一旦娶进家门,尊卑已定哪天能够开心？对于男女之欲，彼此都是一样的，如果以年老体衰的力气，去应对青春小妾，就算是竭尽自己的气力，也远远不能满足女子的意愿，自己也会感到惭愧。况且妖媚的美色充斥面前，交换轮流侍寝，哪能够全都照顾过来？只能增加自己的罪孽罢了。那些宠爱最深的小妾，就会有心怀不满、咒骂的言语在耳边嘈杂吵扰。身体内部的精液日渐耗干，羞惭忿恨逐渐对外发泄，本来是想通过娶妾获得快乐的，反而因此而受到痛苦。最终结果，必然会导致疾病降身。那些没有受宠又害怕自己的人，则愁闷忧虑悲愤的情绪，逐日累积胸中。想要与旁人私通，又受制于内外隔绝而无法实现，想要守住贞节，又每次房事间隔时间太久而难以忍耐。晚上辗转难以入睡，情绪无法发泄。最终结果，也一样的是生成疾病。而且自己岁数太大却多娶妻妾，而那些女子年纪轻轻却不能拥有一个完整的丈夫。设身处地的仔细想想，应当有半夜无法安眠之感啊！

今之乖暮而置少妾者，将以为供一己之淫乎？正不知不肖子孙，朝夕熟视，未必不生邪念。况小家女子，尤属无知，岂能力拒少年，而苦守衰朽之翁哉？不独自身损德，且贻祸后人，断断不可。富贵人年逾花甲，犹置少艾之妾，借为娱老计，不知衰老之时，精血枯竭，正宜绝欲，以延余生，何可一日不爱护也！

【译文】现在一些身已暮年却聘娶年轻小妾的人，想要让小妾满足自己一个人的淫欲吗？却不知道自己品行不好的孩子，早晚注目细看，未必不会产生邪恶的念头。况且小户人家的女孩子，尤其见识短浅，哪里能够竭力拒绝少年而苦苦守着衰老腐朽的老头？娶小妾不仅损害自己的德行，而且留下祸患给后人，这是绝对不可以的。富贵之人超过六十岁以后，仍然添置年轻的小妾，作为老时娱乐身心的方法，不知道衰老的时候，精血本来就干涸竭尽，正应当断绝色欲，以延长剩下的岁月，怎么可以一天都不爱护自己呢？

老年丧偶，娶处女为继室，以鸡皮鹤发之翁，忽为举案齐眉之计，己则乐矣，其如一人向隅何？又今白发富贵人，多买少妾，当抱衾与裯之时，即有下驱蝼蚁之感，亦世间煞风景事也，吾甚不取。

【译文】老年人配偶死亡，又纳娶处女作为续娶的妻子，以皮肤发皱、头发苍白的老头，突然有夫妻恩爱的打算，自己则高兴了，那对方一个人向着屋角落泪又怎么办呢？又现在白发苍苍的富贵之人，大量添置年轻的小妾，当晚上想要有小妾传寝的时候，即会有下体如蝼蚁一样无用的感觉，也是人世间极为扫兴的事，我特别不赞同。

昔某富翁，年六十五，娶十八岁少女为继室，一友人未能谏之于前，思欲醒之于后，作剧谈以嘲之曰：临老入花丛，虎瘦雄心在。携手上阳台，了却相思债。以绿萼初胎，似红英正开。怎禁他，霜雪浑无赖。只恐怕，满园春色，空为后人栽。

　　【译文】过去有一个富翁，六十五岁的时候迎娶了一个十八岁的女子作为继室，他的一个朋友没有在婚娶之前劝谏他，于是想要在结婚以后使他警醒，就写了一篇文章来讽谏此事：临近年迈之时想要放纵情欲，虽然身体虚弱但是依然雄心勃勃。牵着妻妾的手登上阳台赏花，还了相思的孽债。绿萼的花苞刚刚长成，好像鲜红的花正要盛开。怎能避免那，风霜雨雪侵袭无可奈何。只恐怕是，这满园的大好春光，白白为后人准备。

扫一扫 听导读

妇女宜戒

黄藜乙《闺箴》曰：妇女淫孽，终身不可湔浣。故为处女者，守身如玉，容不得半点瑕疵。倘有丑行，于归之夕，何颜对夫。知而被黜，连累父母受辱，此身必致流落。即或夫家顾恤体面，隐忍不发，必为丈夫鄙贱，废弃终身。其已嫁者，或丈夫愚丑可厌，或时常出外，亦当义命自安，万勿为人诱骗。倘遇狂且，当下投梭峻拒，即言语眉目，稍一涉邪，以后不可再见。若有形迹，竟告于丈夫，自然不敢再犯。断不可含羞不发，致狂且认为允许，坏事不小。况彼浮浪子弟，占了便宜，口头定然不谨，妇人自谓至密，不知街坊里巷，有如目睹而传播之矣。玷辱家门，甚至断送性命。阴律，妇人犯淫，永堕畜生道。其可为失身无耻之事乎？又曰：妇女邪淫。每由三姑六婆，乳媪侍儿所诱。或由娈童俊仆，出入内室，及入寺游山，恭僧礼道而起。为夫若妇者，严行禁绝，邪淫之窦，亦少塞矣。尤在男子不狎娈童，不私仆婢，使床笫之间，情好无间，且平日言语举止，毫无亵慢、淫艳之书，不置案头，一以古今节烈之事，演述化道，令所见所闻，皆有规矩，此又端本澄源之道也。

【译文】 黄藜乙《闺箴》说：妇女作下淫乱的孽，一辈子都无法洗刷干净。因此作为处女，必须要保守贞节，像玉一样洁白无瑕，容不得半点的瑕疵。倘或做了丑恶的行为，等到出嫁的时候，有什么面目面对丈夫。如果丑行被知道了而被休黜，牵连父母名声受到辱没，自己必然会漂泊流浪。即便是丈夫家里人顾忌体面，把事情藏在心里不说，也必然会被丈夫鄙视作践，一辈子被嫌弃。已经出嫁的女子，有些人的丈夫愚笨丑陋使人生厌，有些人的丈夫经常外出，也应当安守命运，千万不要被人引诱欺骗。倘若遇到行为轻狂的人，应当立即严厉拒绝引诱，即便是言语眼神稍稍有些淫邪之意，以后就不能在跟其见面。如果有不轨的行为，全都跟丈夫坦言，这些人自然就不敢再次侵犯，决不能忍着羞辱不说出来，让那些轻狂的人以为自己默许，带来极坏的事。况且不务正业的人，占了便宜，嘴上一定不会谨守秘密，妇女自己觉得非常隐秘，却不知道街坊邻居都好像亲眼看过一样而到处传播，从而玷污了家族的名声，甚至是葬送了自己的性命。阴间的律法规定，妇女犯淫乱之罪，永远坠入畜生的轮回道。怎么能够做出失去贞洁丧失廉耻的事情呢？又说妇女淫邪，每每因为三姑六婆、乳母侍女所引诱，或者由于俊俏的男子、仆人出入闺阁，以及拜访寺庙游览山水，与僧道往来而引起的。作为这样的妇人的丈夫，应当严厉彻底的禁绝这类行为，通往淫邪的途径也能够被堵塞。特别是男子要不亲昵俊童，不私自与奴婢苟且，使夫妻房事和谐感情融洽，而且平时的言谈举止没有一丝的轻慢随意，不在书桌上存放描写淫时艳史的书籍，始终以古今女子守节贞烈的故事阐明解释为妇之道，让妇女的所见所闻都符合规矩，这是从根本上加以治理的方法。"

陆桴亭曰：教女子，只可使之识字，不可使之知书义。盖识字，则可理家政、治货财，代夫子之劳，若书义则无所用之。古今以来女子知书义而又娴礼法，如曹大家者有几。不然，徒以道淫而已。李易安、朱淑真，使不知书义，未必不为好女子也。

【译文】陆桴亭说：教导女子，只可以让她们认识文字，不可以让她们知道书本的经义。因为识字就可以管理家中事务、经手财物，帮助丈夫承担劳动，像书本经义则没有地方可以运用。古今以来，女子知道书本经义而又娴熟于礼制规矩，就像曹大家（班昭）这样的有几个？否则的话，只是会变得淫逸而已。李清照、朱淑真假使她们不懂得书本经义，未必就不会成为好女子。

《温氏母训》曰：寡妇不禁子弟出入房阁，无故得谤；盛饰容仪，无故得谤；屡入寺烧香，看台戏，无故得谤；严刻仆隶，菲薄乡党，无故得谤。故守志之妇，恶逸好劳，晏眠早起，忙碌碌，无一刻空闲。贫也不知愁，富也不知乐，便是铁石手段。若有半晌偷闲，到老终身无结果。

【译文】《温氏母训》说：寡妇不禁止子弟随便出入自己的房间，就会无缘无故遭到诽谤；过于打扮容貌仪表，就会无缘无故遭到诽谤；经常进入寺庙烧香，观看戏曲，就会无缘无故遭到诽谤；对奴仆严格苛刻，轻视乡里乡亲，就会无缘无故遭到诽谤。因此固守节操之志的妇女，厌恶安逸，喜好劳动，晚睡早起，整天忙忙碌碌没有一刻闲暇。贫穷时也不感到忧愁，富贵时也不感到快乐，便是硬得象铁和石头一样的手段。如果有半天的偷懒贪闲，一直到老都不会有什么好的结果。

四时宜戒

扫一扫　听导读

古人多享大寿,今人不尽天年,只因肆情纵欲,暗犯禁忌故也。兹特录出,惜命之士,当谨守之。

【译文】古代人多数能够安享长寿,现在人则不能活到自然寿命,只因为放纵情欲不加克制,暗中违犯了禁忌的缘故。现在特别摘录如下,爱惜性命的人,应当谨慎的遵守这些禁忌。

正月初一、初三、初五、初六、初七、初九、十四、十五、十六、廿五、廿八、三十。

【译文】正月初一(这一天叫天腊,玉帝下界校量世人的俸给和寿命,有犯禁忌的人削减俸给、剥夺寿命十二年),初三(天地众神仙在天庭聚会,犯禁的人剥夺寿命十二年),初五(五虚忌)初六(六耗忌)初七(上会日)初九(玉皇大帝的诞辰)十四

（天官、地官和水官下凡，犯禁者削减寿命），十五（天官的诞辰）十六（天官、地官和水官下凡），二十五（每月二十五为月晦日，犯禁者削减寿命），二十八（每月二十八，人神巡行到身体阴部，有犯禁者得难以医治的疾病），三十（每月三十司命神奏事，犯禁者削减寿命，如果逢月小即戒二十九这一天）。

二月初一、初三、十五、十八、十九、廿五、廿八、三十。

【译文】二月初一（犯禁者剥夺寿命十二年，每个月都这样），初三（文帝的诞辰，天地众神仙在天庭聚会），十五（犯禁者剥夺寿命十二年，每个月都这样），十八（至圣先师孔子的逝世日期，有犯禁忌的人削减俸给、剥夺寿命十二年），十九（观音大士的诞辰，犯禁者剥夺寿命十二年）二十五、二十八、三十（都和前面一样）。

三月初一、初三、初九、十五、廿五、廿八、三十。

【译文】三月初一（同前），初三（玄天上帝的诞辰，犯禁者剥夺寿命十二年），初九（牛鬼神出世，犯禁者生产恶胎），十五（同前），二十五（同前），二十八（东岳大帝的诞辰，犯禁者剥夺寿命十二年），三十（同前）。

四月初一、初四、初八、十四、十五、廿五、廿八、三十。

【译文】四月初一（同前），初四（万神善化，犯禁者发不出声音）初八（释迦牟尼佛诞生，又善恶童子降临，犯禁者血死），十四（吕洞宾祖师的诞辰），十五（同前）二十五、二十八、三十（都和前面一样）。

五月初一、初五、自初五、初六、初七、十五、十六、十七、廿五、廿六、廿七、廿八、三十。

【译文】五月初一（同前），初五（这一天叫地腊，五帝考查校量生人及官爵，有犯禁忌的人削减俸给、剥夺寿命十二年）初五、初六、初七、十五、十六、十七、二十五、二十六、二十七（这九天叫做九毒日，犯禁者夭折早死，十五日晚上11点到凌晨1点犯禁者男女三年内双亡。十六日为天地万物造化的时间，最为忌讳），二十八、三十（都和前面一样）。

六月初一、十五、廿四、廿五、廿八、三十。

【译文】六月初一（同前），十五（同前）二十四（关帝的诞辰，又是雷祖的诞辰），二十五、二十八、三十（都和前面一样）。

七月初一、初七、初十、十五、十九、廿五、廿八、三十。

【译文】七月初一（同前）初七（这一天叫道德腊，五帝考校生人善恶），初十（阴毒日），十五（地官考订典籍，犯禁者剥夺寿命十二年），十九（太岁的诞辰），二十五、二十八、三十（都和前面一样）。

八月初一、初三、十五、廿五、廿七、廿八、三十。

【译文】八月初一（同前），初三（灶君诞辰，又是北斗诞辰，犯禁者剥夺寿命十二年），十五（太阴星君朝拜老子，应当焚香守夜）二十五（同前），二十七（至圣先师孔子诞辰，犯禁者削减俸给、剥夺寿命十二年），二十八、三十（都和前面一样）。

九月初一、初九、十五、十七、廿五、廿八、三十。

【译文】九月初一（同前），初九（斗母元君诞辰，犯禁者剥夺寿命十二年），十五（同前），十七（金龙四大王诞辰），二十五、二十八、三十（都和前面一样）。

十月初一、初五、初六、初十、十五、廿五、廿七、廿八、三十。

【译文】十月初一（岁腊），初五（下会），初六（天曹考察），初十（西天王下凡，犯禁者暴病死亡），十五（水官考订典籍，犯禁者剥夺寿命十二年），二十五（同前），二十七（北极紫微大帝诞辰），二十八、三十（都和前面一样）。

十一月初一、十一、十五、廿五、廿八、三十。

【译文】十一月初一（同前），十一（太乙救苦天尊诞辰），十五、二十五、二十八、三十（都和前面一样）。

十二月初一、初七、初八、初旬戊日、十五、二十、廿四、廿五、廿八、除夕。

【译文】十二月初一（同前），初七（犯禁者得难以医治的疾病），初八、这个月前十天逢戊的那一天（名王侯腊），十五（同前），二十（天地交道，犯者剥夺寿命十二年），二十四（司命上奏人间善恶），二十五（上帝下界考察），二十八（同前），除夕（各路神仙考察，犯禁者剥夺寿命十二年）。

二至之日（夏至、冬至乃阴阳相争死生分判之时。宜禁欲事。）二分（春分雷将发声，犯者生子五官四肢不全。父母有灾。秋分杀气浸盛阳气日衰。前后数日俱宜戒。)三元日(犯之减寿五年)四始、二分、二至、社日(犯之减寿四年)三伏日、弦日、晦日(犯之减寿一年)庚申、甲子、父母本命、诞忌日(犯之减寿一年)丙丁日(犯之得病)白昼、星月下、灯光下(犯之减寿)烈风雷雨(犯之损寿产恶胎)酷暑严寒(犯之得重疾)寺庙之中、井灶、坑厕、冢墓、尸柩之傍(犯之恶人降胎)郁怒(大怒伤肝。犯之必病。)远行(行房百里者病。百里行房者死。)醉饱(醉后入房。五脏反复)空腹(犯之伤元神)胎前(犯之伤胎)产后(百日内犯之妇病)天癸来时(犯之男女俱摧)病后(犯之变症)一夕勿两度勿忍蓄不泄。竹席(竹性寒凉。犯之恐感寒气。)薄衾(犯之寒气入骨。)牖罅有风宜避，夜深就枕宜戒。

【译文】夏至和冬至两天(夏至、冬至是阴阳相争、评判死生的时候，应当禁行房事)，春分和秋分(春分时候是天将要打雷的开始，犯禁者生的孩子五官和四肢不健全，父母有灾祸。秋分时候天地间杀气逐渐浓厚，阳气逐日减弱，前后几天都应当禁欲)上元日正月十五、中元日七月十五、下元日十月十五(犯禁者减少寿命五年)，正月初一、冬至、腊明日、立春四始，春分、秋分，夏至、冬至，立春、立秋后第五个戊日(犯禁者减少寿命四年)，夏至后第三个庚日即头伏第一天，第四个庚日即二伏第一天，立秋后第一个庚日即三伏第一天，每月的初七、八，二十二、三(弦日)和月终(晦日)(犯禁者减少寿命一年)，庚申日，甲子日，父母本命年的诞辰和忌日（犯禁者减少寿命一年），丙丁日（犯禁者生病）白天、星星和月亮下面、灯光下面（犯禁者减少寿命）刮大风打雷下雨时（犯禁者损失寿命，产出恶胎）天气炎热或者严寒的时候（犯禁者得重病），在寺庙里、水井、灶台、厕所、坟墓、棺材的旁边（犯禁者凶恶的人来投胎）郁闷发怒（大怒的时候伤害肝脏，此时犯禁必然得病）出远门（行房事以后走一百里容易得病，走一百里再行房事的容易死亡）喝醉和吃饱时（喝醉以后行房事，五脏颠来倒去）空腹的时候（行房事伤害元神）怀胎时（行房事伤害胎儿）生完孩子后（一百天内行房事得妇科疾病）月经来时（行房事男方和女方都被损伤）生病以后（行房事改变病症）一天晚上不要行两次房事，不要忍着不射精。在竹席上（竹子属于寒性植物，行房事怕是会感染寒气）薄被子（行房事寒气容易侵入骨髓）窗户缝隙有风应当避开，夜间太晚睡觉应当禁行房事。

陈抟曰：上士异室，中士异床，下士异被。守此戒期者，非异室异床不可。

【译文】陈抟说：品行高尚的人夫妻不在同一个房间睡觉，品行较好的人夫妻不在同一张床上睡觉，品行一般的人不在同一个被子里睡觉。要能遵守上面这些戒欲的时间，除非不一个房间、不一张床上睡觉，否则不行。

可染不染

扫一扫　听导读

世间男女之事,虽易濡染,然形格势阻,犹或禁其欲而不得肆。至若花街柳巷,皆以为风月场中,不妨任人取乐,予窃以为不然。夫优娼之辈,虽属烟花贱质,然当其幼时,父母一般爱惜,指望日后嫁一好人,永远作亲戚往来。迨其年齿稍长,或为官粮所逼,或为宦债所凌,堕入火坑,脱身无计,独居则泪眼愁眉,逢人则强欢假笑,欲舍此而从良,鸨母又从而压制之。稍有人心者,正宜深为悯恻,而乃视为蜂蝶,岂非与于不仁之甚者乎?

【译文】人世间男女之间的事,虽然很容易耳濡目染,然而受形势的阻碍或限制,仍然能够克制自己的欲望而不能肆意放纵。至于像妓院这些地方,都认为在风花雪月的场所中,不妨任由人们寻取快乐,我私下认为不是这样。那些优伶娼妓之类的人,虽然现在属于妓女,身份低贱,但当她们年幼的时候,父母也是一样的爱护珍惜，希望以后能够嫁给一个好人家，永远作为亲戚交往。等到她们年龄稍微大一些的时候，有些是被官府催缴粮税逼迫，有些是被官家的债务逼迫欺压，不幸堕落到悲惨痛苦的生活境地，没有办法脱身，独自居住的时候则流着眼泪皱着眉头，在人面前则勉强装作笑脸，想要舍弃现在的生活嫁给良民，但妓院老鸨又从中作梗压制。稍微有些正常人的善心，正应当深深为其感到怜悯哀怜，但却把她们看做是蜂蝶一样戏弄，这岂不是比不仁德的行为还要过分的吗？

今人入妓家吃烟吃茶，谓之闯寡门，自谓一时适兴，非有大损。岂知风流种子，一入花柳业中，未有不濡染者，且勾兰中人，素有拿人手段，或作秾丽之妆，或为雅艳之态，或托大家女子，流落之状。或为明诗习礼，彬雅之容。种种神情，皆与书生暗相吸引，而不知其心事之在于阿堵也，人奈何堕其计中耶？

【译文】现在的人进入妓院抽大烟喝花茶，叫做是闯寡妇家门，自己觉得是一时的解闷散心，没有什么大的损害。哪里知道喜欢风流的念想一旦进入风流场所以后，没有不被沾染熏陶的，而且娱乐场所中的那些人，想来都有掌控吸引人的手段，有的化上浓丽的妆饰，有的扮作娇美不俗的姿态，有的假托是大户人家的女子流落风尘的样子，有的学习诗书礼仪，表现出儒雅的容貌。

各种神态表情，都和书生的喜好暗暗相合，却不知道她们心里想的是钱，人们怎么会中了她们的计谋啊？

孙畏之曰：秦楼楚馆，买笑征歌。古人字书有二体，一从闞，言入门便败也。一从嫖，取女票勾人之义。妓家杂色蒸淫，毒入肺腑。染之者，小则痼疾，大则丧命。余所见闻，有聋其耳者；有半身不仁（半身不遂）者；有四肢瘫软，膝直不可屈伸者；有病久骨软如绵者；有病蜡烛泻，泻去其阳者；有痿其阳，终身不举者；有种毒于妻，致妻终身不育者；有毒发在喉，声哑无音者；有当颏下垂若瘤者；有发鱼口，下体并裂者；毒发在趾，渐渐脱落至腰，而五脏皆见者；有惹毒于妻，生疮腋下而死者；有惹毒于妻，所生子女，遍体无皮者。种种不可胜计，知命者其戒之。

【译文】孙畏之说：在妓院里，狎妓游冶，征招歌伎。古时候人从字形上解释这种行为有两种，一个是"闞"，意思是进入风月场所就败家；一种个"嫖"，意思是女子漂亮勾引男人。妓院里各种女子浸染淫乐，病毒深入肺腑之中。感染这些病毒的，轻的就会有难以治愈的疾病，重的就会染病死掉。我见过听过的，有的人因此耳朵聋了；有的人半身不能活动；有的人四肢无力难以动弹，膝盖直立不能够弯曲；有的人生病太久骨头酥软像丝绵一样；有的人就像点燃的蜡烛其阳气逐渐泄去；有的人阳痿而终身不举；有的人将疮毒传染给妻子，导致妻子终身不能怀孕；有的人毒在喉咙发作，嗓子哑掉不能说话；有的人下巴下垂好像长了肿瘤一样；有的生鱼口疮，下体迸裂；还有的人毒发作在脚趾，然后向上到腰部逐渐脱落烂掉，内脏都可以直接看见；有的人把病毒传染给妻子，在腋下生疮而死掉；有的人把病毒传染给妻子，妻子所生的儿女全身没有皮肤。各种病症无法计算，知道保养性命的人要戒嫖。

今之宿窝妇者，皆谓贫人甘心卖奸，必无意外之变。不知人虽极贫极懦，岂无忽然怀愤之时。万一枕席之间，其夫操刀而起，安知不身首异处乎？此事之至危，不可不戒。

【译文】现在一些嫖宿妇人的人，都觉得穷人心甘情愿的卖淫，必然不会出现意外的变故。他们不知道人虽然极为贫穷极为懦弱，但怎么会没有突然心中愤怒的时候。万一睡觉的时候，妇人的丈夫拿起刀报复，怎么就知道不会身首异处呢？这种事非常危险，不可以不戒掉。

施愚山曰：举世所习为而不怪者，无如狎妓奸婢二事，言之可为痛心。狎妓者，谓既酬以金，淫不为害。且无论破家伤身，能保妓不孕乎？孕而产，则己之子女娼矣。予在京师，闻一孝廉，狎张氏妓生子，人皆笑为龟儿。孝廉羞不肯认，是父子相失也。至臧获妇女，多被凌逼，与主人荐枕席，以为分固然耳。试思此辈皆良民，或因贫窘鬻身，得金无几，或因官势投充，未得身价，既役其身，复乱其妻女，作何消受。及乱而生子，则沦主为仆，使此子事我之子，是兄弟相主仆也。万一生女有色，己复乱之，是父奸其女也。己之子侄复乱之，是兄弟姊妹相奸也。聚尘宣淫，廉耻一丧，后遂不可穷诘。嗟乎！今有人于此，骂其子女为娼优臧获者，必怫然怒，攘臂而起矣。以淫色之故，乃使祖父相承之血脉自我而乱，岂不伤哉？

【译文】施愚山说：世人都习以为常而不觉得奇怪的，没有能比得上嫖妓和奸淫奴婢两件事的，说出来让人感觉非常痛心。嫖妓，是指花了钱，只是淫乐不伤天害理。姑且不说嫖妓能够破散家财、伤害身体，能保证嫖宿的妓女不会怀孕吗？怀孕以后又生出来，那么自己的孩子则成为了娼妓。我在京师，听说有一个孝廉，嫖宿了一个姓张的妓女，生了一个儿子，人们都笑话这个孩子是王八的孩子，这个孝廉羞愧不肯承认，这是父子不能相认。至于奴婢妇女，多数是被欺凌逼迫的，让她们和主人睡觉，觉得是理所应当的。试着想想这些人都是一般的普通百姓，有的是因为过于贫穷而不得不卖身，得到的卖身钱也没多少，有的因为官势相迫被投充为奴仆，没有换得身价，已经奴役其人，又霸占其妻子女儿，当作何等的享受。等到淫乱以后生下孩子，则主人之子沦为仆人，让这个孩子侍奉自己的孩子，是兄弟变成主仆关系。万一生下的是女儿而且颇有姿色，于是又占有生下来的女儿，这是父亲奸淫自己的女儿。自己的儿子侄子又占有她，这是兄弟姐妹间相互淫乱。聚集到一起淫乱，廉耻一旦丧失了，以后就难以穷尽了。唉，现在有人在这里，骂他的子女是妓女优伶和奴隶，必然会感到愤怒，捋起袖子伸出手臂站起来。因为喜好淫乱的原因，于是导致祖辈上下相承的血脉从自己这里混杂了，岂不是让人伤痛。

家人有义妇之称，其分与恩，原同父子。世有好色之徒，欲用家人，先观妻色，既为吾有，恣行己私。试思我既不以正道待人，安望彼以良心事我。我既自坏家规，彼亦可上干名分。甚有杀盗横生，变起肘腋者，天之报施常近也。

【译文】在家庭里面，妻子有"义妇"之称，妻子的名分和恩德，原则上和父子是一样的。世间有好色的人，把家人作为泄欲的对方，先观察妻子的美色，既然已经是自己的妻子，就放肆地行一己私欲。试着想一想，我既不以正道对待人家，怎么能够要求人家以良心来对待我呢？我自己既然坏了家规，人家也可以不顾家庭的名分。甚至有导致杀盗的横祸发生的，近在身边的祸患，上天的果报也会立刻现前的。

污婢者有十害。强奸残忍，为父母咒诅，一也。主母见妒，毒加鞭挞，弱命不保，二也。或父子聚麀，或兄弟荐枕，骨肉相雠，三也。方孕则毒药下胎，母子同毙，四也。既产则溺弃婴孩，人命如戏，五也。婢别有私情，主人罔觉，他人血脉，承继祖先，六也。怀孕而配下贱，亲生子女，降为奴仆，七也。始则诱骗作妾，继则得价远卖，万一失所，必至投缳自尽，冤魂相报，八也。得宠之后，搬弄是非，家中不得安宁，九也。主人一死，婢女改嫁，致母子相失，十也。吁可畏哉！

【译文】奸污奴婢有十种害处：强奸行为残忍，使自己父母受到咒骂，这是其一；正妻妒忌奴婢，狠毒地鞭打奴婢，使她们难以保住性命，这是其二；有些父子共占一个奴婢，有些兄弟之间争着侍寝，导致骨肉之间相互仇恨，这是其三；刚刚怀孕就用毒药打胎，导致母子一同毙命，这是其四；已经生下孩子，就把孩子溺死抛弃，把人命当做儿戏，这是其五；奴婢和别人通奸，主人没有察觉，导致他人的孩子继承自家祖先的香火，这是其六；怀孕以后将奴婢婚配给地位下贱的人，使自己亲生的子女降低为奴仆，这是第七；开始的时候诱骗奴婢做小妾，然后又作价把她卖到远处，万一流离失所，必然会上吊自杀，化作冤魂来报仇，这是其八；得到宠爱之后，蓄意挑拨引起纠纷，闹得家里不能安宁，这是其九；主人一旦死了，婢女改嫁他人，导致母子不能相聚，这是其十。这些害处真是让人畏惧！

朱在庵曰：人于婢女，不肯留意矜恤，略有姿色，即去奸污，情衰爱弛，又复转卖，昂其价值，流落远方，使其父母睽离，甚或死于妒妇之手，沦于淫娼之家，独不思婢亦人女也。特贫于我耳，设身反观，通身汗下矣！

【译文】朱在庵说：人对于婢女，不愿意用心怜悯抚恤，稍微有一些姿色的，就要将其玷污，感情淡漠了不再喜欢了，就又转手卖给别人，榨取她的身价，让她流落遥远的地方，让他们与父母离散，甚至有的死在性好妒嫉的妇人手里，沦落到卖淫嫖娼的地方，唯独不考虑奴婢也是人家的女儿，只是比我贫穷一些。设身处地地换位思考，浑身都在冒汗。

凡雇乳母，必择少壮者，冀其多乳，非为渔色也。彼应募而来，舍其子女，离其丈夫，竭力三年，鞠育倍劳于嫡母，孤灯午夜，凄凉尤苦于孀居，其夫亦鳏守空床，心忧失节，困于穷苦，无可奈何耳。为主人者，诚以礼自持，戒勿相犯，子女必昌。

【译文】凡是雇用奶妈,必然要选择年轻体格好的,希望她的乳汁多,而不是觊觎她的美色。乳母受到招募而来,舍弃自己的子女,离开自己的丈夫,努力干了三年活,培育孩子下的力气比孩子亲生母亲还辛苦。半夜一个人,这种感觉比寡妇独居还要凄惨悲凉,她的丈夫也一个人守着空床,担心妻子失节,但因生活上贫穷困苦,实在无可奈何啊。作为主人,应该按照礼节自我约束,千万不要侵犯她,这样自己的子女必然昌盛。

一犯莫赎

扫一扫 听导读

一曰处女。妇人一生名节，自为处子始。如乘其无知，设计圈诱，是恣我片刻之欲，而损人终身之操。后来婚嫁，便为残体，使其父母暗伤体面，夫家现被丑名。纵使临婚混过，隐微常觉羞惭。苟遇曾经知识，局蹐难施面目，即能教子成家，大节终归亏损，便令贞守一世，已是清白玷污。岂不于女可恨可惜，于男罪大恶极也哉。

【译文】（有几种情形的邪淫，一旦犯了，是无法赎罪的。）一类是处女。妇女一生的名声贞节，是从处女开始时就有的。如果乘着她们不懂事，设下计谋圈套诱惑，来满足自己一时的性欲，而损害他人一辈子的节操。她以后再嫁人，便成为残缺不全的人，使她的父母暗暗丢了面子，丈夫家里也背负着丑恶的名声。纵然结婚时能够蒙混过去，但隐隐约约还会常常感到羞耻惭愧。如果遇到曾经了解认识的人，就会感到局促没脸见人，即便能教育孩子成家立业，高尚的节操终究是已经损坏了，就是让她婚后一辈子守住贞洁，但也已经是被玷污了清白之身。这对于女子难道不可恨可惜？对于男子难道不是罪大恶极吗？

一曰寡妇。人生不幸，少年夭折，临终之时，丁宁系恋，惟愿其妻守我门风，生死无二，以相慰于地下。所以守节之妇，上天必昌大其子孙，朝廷必表扬其名节，最宜哀矜而保护之。若欺侮设诱，不独生者今羞阳世，死者尤痛恨九泉。试想生人之耳目可瞒，亡灵之知识曷逭，暗昧之中，何等可惧，敢逞吾私于顷刻乎。

【译文】一类是寡妇。女人一生的不幸，是丈夫年纪轻轻就夭折死亡了。丈夫临死之前，叮咛嘱咐，牵挂不舍，只希望妻子能够谨守自家的德行家风，生前和死后都一样，使自己在九泉之下感到慰藉。所以固守节操的妇女，上天一定会让她们的子孙昌盛，国家一定要表彰她们的名声节操，最应当哀怜和保护她们。如果欺负侮辱或勾引她们，不仅活着的人羞愧存活于世，死去的人在九泉之下更是痛恨。试着想想，活着之人的耳目可以隐瞒得的住，死去之人的灵魂怎么可能躲避不让其知道？鬼神隐晦不明，是多么的令人恐惧，还敢在顷刻之间放纵自己的私欲吗？

一曰亲邻。世间邪淫之缘，随处可起。或瓜葛不禁往来，或邻佑偶触闻见，皆当以礼自持，防意若城。若因貌言相接，遂尔动情设计，此之谓堕落坑堑，自陷陷人，终身为无行之人矣。

【译文】一类是亲戚邻居。人世间的邪淫孽缘，随处都可以发生。或者是辗转相连的亲戚关系经常走动，或者是邻居偶尔接触见面交谈，都应当按照礼数规矩约束自己，防备的思想就好像守城一样。如果因为长相言语接触，于是就产生感情，这就叫做堕落深坑里，既害了自己也害了别人，成了一辈子没有德行的人。

一曰尼姑。削发披缁，晨钟暮鼓，戒律何等森严。以既归空门之体，而泰然与之行淫，纵菩萨低眉，暂由汝逆天败礼，而此心自打得过乎？此之不省，必甘堕无间地狱之人也。

【译文】一类是尼姑。剃掉头发，披上缁衣，过上晨钟暮鼓的寺院生活，佛门的清规戒律是多么的严明。尼姑身体已经皈依佛门，却从容和她们发生淫事，纵使菩萨不忍看见，暂时任由你们违逆天道败坏礼法，但自己的内心能过得去吗？不明白这个道理，必然是甘于堕落到无间地狱的人。

一曰鸡奸。男女私媾,已同禽兽。或更比昵娈童,以同形同体,巧为淫合,清夜自思,成何面目。且群小狎邪,阶乱家规,引狼入室,害有不可胜言者。

【译文】一类是鸡奸。男女之间私自交媾,已经是和禽兽相同。有些甚至亲近年轻男子,以同样的形貌和身体,用奇技淫巧苟合,在清静的夜晚自己想想,这种行为成了什么面目。而且那些娈童行为放荡,扰乱家中的规矩,如同把狼招引到室内,存在的害处都述说不尽。

扫一扫 听导读

戒谈闺阃

祸从口出，中冓之言，不可道也。古之人，拒奔女而惟恐人知，却邪缘而惟恐人见，何其厚欤。今之人，一闻闺中丑事，不审虚实，转相告语，以为新闻，至使人夫弃其妻，父斥其女，甚或此妇无颜对人，投缳自尽。嘻。谈之者津津，而彼生则含羞，死犹遗臭。冤鬼有知，不来索命乎。即使事果真确，在此女不足惜，而其夫，其父母，其翁姑，以及其兄弟姊妹，祖宗子孙，孰无体面，与我何雠。而必出其丑乎？语云："好谈淫乱者，非有奇祸，即有奇穷，慎之慎之。"

【译文】灾祸是从口舌中产生出来，私房里的话不可以说出去。古代的人，拒绝私奔的女人，唯恐别人知道，拒绝邪恶的缘分，唯恐别人看见。古时的风气，是多么的淳厚。现在的人，一听说闺房中的丑恶的事情，不核实辨别真假，就到处传播转告，当作是新鲜的见闻，导致别人丈夫抛弃妻子，父亲斥责女儿，严重的可能让这个妇人没有脸面见人，上吊自杀。唉！谈论的人很有兴趣，但被谈论的人活着蒙受羞耻，死了还留有臭名，冤死的鬼魂如果知道了，能不来索命吗？即便是传说的事情是真实的，对这个女的而言不值得可惜，但是她的丈夫、她的父母、她的公公婆婆以及她的兄弟姐妹、祖宗子孙，哪个不重视体面？他们与我们有什么仇恨，而一定要让他们出丑呢？俗话说："喜好谈论淫乱之事的，不是遭受出人意料的灾祸，就是有特别的穷困。谨慎啊，谨慎啊！"

今人口业，莫甚于好谈闺阃。述淫亵事，每因言者津津，遂致听者跃跃。败伦伤化，毁心易性，皆由此而起，不可不重戒也。

【译文】现在人嘴上的恶业，没有比喜欢谈论闺房隐私更厉害的。述说淫荡猥亵的故事，常常因为说的人很有兴致，于是导致听的人兴奋不已。败坏伦理，伤害风化，摧毁心性，改变性情，都是因为这引起的，不能不重点戒掉。

太微仙君曰：人谈淫秽事，能正言折之，他词乱之，为三功。遇友人多病，能极言利害，使人节欲，为十功。反是，则获罪可知矣。

【译文】太微仙君说：别人谈论淫荡污秽的事情，能够用正经的言论矫正他，用别的话打乱他，能积累三功。遇到朋友经常生病，能够竭力陈说好处与害处，让人能够节制性欲，是十功。相反的做法，那么获得的罪孽也可以知道了。

禁绝淫类

扫一扫 听导读

上古圣人造字,大以阐造化之精微,传圣贤之心法;小则布科条之文教,记繁类之纷纭,利用于世,厥功甚伟。何物罪魁,敢将六书大义,亵用于淫书,形容秽鄙之事,污触见闻,败坏风纪。曷思饮食男女,大欲存焉。格言正论,时接于目,犹虑逾闲越检,反以淫靡之辞,导其欲而长其邪,遂使青年俊少,夺目艳心,忽兴怀于赠芍,造履不端;识字闺娃,神迷意乱,恒志憾于摽梅,名行顿败。旷夫怨女,欲火滋燃,陡起旁私之念;尼僧孀妇,邪心勃动,每多丧节之私。即夫妻正色,妾媵固有,亦必巧为异样淫合。翻腔改调,极尽淫污,直至减年折福,削录丧身。嗟乎!教揉升木,谁之过欤。夫淫为万恶首,今则撰此淫书,坏男女之心思,败天下之风俗,是自居首恶,并陷他人于首恶也。此种罪孽,与十恶五逆,定加百倍。死无人身,永沉地狱,固其宜耳。惟在端人正士,耳目所及,即为焚弃。更望普劝,同志亲朋,展转相助,燔之惟恐不尽,务使天下少看一人,少看一日，真正人心、移风俗之弘助也。

【译文】上古时期圣人创造文字，往大了说可以用来阐述天地造化的微妙，传播圣贤的思想作为；往小了说可以传播法律条例等人文教育，记载众多繁杂的事务，世人广泛利用，其功劳十分伟大。那些不是东西的罪魁祸首，竟敢将这神圣的汉字，用来编造淫书，形容淫秽下流的事，污浊了见到和听到的事，败坏社会风气规矩。何不想饮食和男女之事，这些欲望本来就存在，经常看那些可为准则的话和正直的言论，还担忧会逾越了规矩，现在反而用淫靡的言辞引导欲望增长邪念呢？于是使那些青年俊少，眼迷心乱，忽然起了赠花于美人的想法，举止不端；让识字的闺中女子，神失意荡，常常为到了年龄而未婚嫁感到遗憾，名节品行顿时败毁；年龄已大尚未婚配的男女，点燃了欲火，陡然升起与人私通的念头；和尚尼姑寡妇，邪恶的想法开始产生，平时多有丧失节操的行为。即便是夫妻态度严肃，妾室本来就有，也必然会使用奇异的姿势行房事，变换声音改变语调，极尽淫荡，直到减损寿命，消折福份，削减俸禄，丧失性命。唉！教导猿猴爬树，又是谁的过错呢？万般罪恶中，邪淫的负能量最盛。现在却编写这种淫书，教坏男女的思想，败乱天下风俗，是自己站在首恶之位，又把他人陷入首恶之位呀！这种罪孽，比十恶五逆还严重过百倍。他们死后不能转世做人，永远坠入地狱，是应得的惩罚。只有品行端正的人，看到听到这样的书籍，就立即焚烧毁灭；更希望推广此心，广劝志同道合的亲朋好友，互相勉励，惟恐不能全部焚毁。尽力使天下少一个人少看这种书，少一天看这种书，便真是端正人心、改变风俗的巨大帮助。

颜光衷曰：刻淫书诱荡子，杀人不见血。圣人代作，俾此等书，并升炎火。其有再造翻刻者，处以极刑，比于五逆。庶乎风俗醇而士习可正也。

【译文】颜光衷说：刻印淫书，引诱荡子，属于杀人不见血的行为。应有圣贤出来，把这类淫邪书籍，一并烧火焚毁。如果再有编写刻印的人，都处以死刑，等同于五逆之罪。这样就可以使风俗淳朴、而士大夫的风气也可以得到端正了。

袁了凡曰：人虽不肖，未有敢肆为淫纵者。自邪书一出，将才子佳人四字，抹杀世间廉耻。而男女之大闲，不可问矣。每见深闺女子，素行无瑕，暂一披卷，情不自制，顿忘中冓之羞，据作阳台之梦。亦有少年子弟，情窦方开，一见此书，邪心顿炽，终日神游楚峡，每夜梦绕巫山，或手淫而不制，或目挑而苟从。丧身失命，皆由于此。若夫巧作传奇，当场演出，以婉娈姣好之童，为阿媚淫媟之态，坏人闺门，不可胜数。皆此等书为之作俑也。升之炎火，夫得何疑？

【译文】袁了凡说：世人虽然有的品行不好，但也没有敢放肆纵欲淫乐的。自从淫书出现后，用"才子佳人"四个字，抹杀掉了世上的廉操与羞耻。而男女之间基本的行为准则也就无法知道了。常见到深闺里的女子，一向行为检点没有瑕疵，一旦翻开淫书，感情就不能自我控制，顿时忘记了私房里的羞耻，马上想到男女欢会的事。也有年轻的男子，感情刚刚萌动，一看见这种书，邪恶的念头顿时强烈起来，整天整夜魂牵梦绕想着巫山云雨，有的沉溺手淫而不能控制，有的眉目挑逗传情而无原则地依从，丧失身体和性命，都是因为这些。至于巧于杜撰离奇故事，现场表演出来，用年少美貌的少年，做出妖媚淫荡污秽的神态，破坏别人闺门风气的事数也数不过来，都是这类书首开的恶例。生火把这些书烧掉，有什么迟疑的呢？

传奇小说，点染风流，惟恐男子不消魂，女子不失节。此蛊惑人心之最大者。昔有人入冥府，见一囚身荷重枷，肢体零落，问为何人？狱卒曰：汝在生时，曾阅还魂记否。曰：少年时曾阅过。狱卒曰：此即作还魂记者也。此记一出，使天下多少男女淫乱，上帝震怒，罚入此狱中。问几时得出？狱卒曰：直待此世界中，更无一人唱此曲者，彼乃得解脱耳。吁。可畏也夫。

【译文】描写奇闻异事的小说，渲染修饰风流故事，唯恐男子不销蚀灵魂，女子不失去节操，这是毒害、迷惑人心最厉害的。过去有人到地府，看到一个囚徒身上带着沉重的枷锁，四肢身体不完整，于是就问这是什么人。狱卒回答说：你在活着时，曾经看过《还魂记》这本书吗？他说年轻的时候曾经看过，狱卒说这就是《还魂记》的作者。这本书一出现，使天下多少男女变得淫乱，上帝异常愤怒，惩罚他坠入这个地狱里。问狱卒这个人什么时候能出去，狱卒说直等到这个世界上再也没有一个人唱《还魂记》这个曲子，他才能够解脱。唉！能不让人畏惧吗？

士子富于才华，笔耕谋利。若能纂一部古今忠孝节义事实，慷慨淋漓，有声有色，使见者心生则效，爱慕悦从，亦足价重鸡林，未始非利薮也。何苦无中生有，造此绮语艳曲以成人之恶。不有人祸，必遭天殃，戒之戒之。

【译文】读书人拥有些才华，可以写作来赚钱。如果能撰写一部描述古往今来忠孝节义的故事，文章意气昂扬，言辞畅快，生动形象，使看见的人内心把其当做榜样效仿，喜爱且乐于顺从，也能够受到大家的喜爱，未必没有财利。何苦捏造没有的事，编造这些花言巧语淫艳的曲目，来帮助别人做坏事。即便没有人祸，也必然遭到天谴。谨慎啊！谨慎啊！

函人矢人，一艺之微，仁、不仁分焉。故术不可不慎也。工于梨枣者无非欲食其力，然刊圣贤经传即为功，刊淫词艳曲即为过，奉劝梓友，凡系绮丽书传，誓不受镌，则淫书不绝而自绝，技也而进乎道矣，子孙必然读书识字，昌大门闾也。

【译文】造铠甲的工匠和造箭的工匠，一个技艺的微小差别，就能分别出仁和不仁。因此学习技术不能不慎重。从事于出版行业的人无非是想要靠出版书挣点钱，然而印刷圣贤典籍就是功德，印刷淫秽的书籍淫艳的曲目就是过失。奉劝那些雕刻印刷木板的人，凡是华美艳丽的书籍传记，绝不为其刻印，那么淫秽书籍不去禁绝也会自然消失，而技术也将接近道。子孙必然能够读书认字，家门一定会昌盛。

开设书林，以取利耳。试思何书不可获处，而必藉此坏人心，败风俗之书，以觅蝇头？计亦左矣。万恳将此等书，概不发刻，并不收兑。所谓积功德于冥冥，获福利于昭昭也。

【译文】开设书店，是用来赚钱的。试想什么书不能赚钱呢，而为什么一定要用这些毒害人心、败坏风俗的淫书，来赚钱蝇头小利？且这种打算也是错误的。万万希望将这类书籍，一概不出版印刻，也一并不销售。这就是所谓的在冥冥之中积攒功德，正大光明的获得福分和财利。

　　五车汗牛,大率圣贤典册居多。若杂贮淫书,秽亵经籍,必遭天谴。盍思关河险阻,千里觅利,不祈神佑,反干天怒,窃为书贾危之。

　　【译文】收在书库中的典籍,大都是圣贤的典章和册籍。如果其中交杂存放着淫秽书籍,污秽亵渎了经典书籍,必然遭到天谴。何不想想自己克服山川河流阻碍,千里迢迢地去追求财利,不祈祷神仙庇佑,反而引起上天愤怒,我私下里真为书商感到担忧。

　　阀阅旧家,藏书充栋,以备考鉴,以示子孙。若将淫书一概什袭,流传后代,能保子孙不过目乎。少年心志易惑,是为祖为父者,教之为不肖,为禽兽也。亟宜检出,尽付祖龙,方称为诗礼之家。

　　【译文】有功勋的世家巨室,家里收藏的图书充满房间,以备查考借鉴,让子孙学习观看。如果将淫秽书籍一概让后代继承,流传到后世,能够保证子孙不看吗?年轻人的思想容易被迷惑,这是作为祖先父母的,教育他们品行不端,成为禽兽啊。应当赶紧将淫秽书籍挑出，全部都烧毁，这样方才称得上是诗书礼仪之家。

袁了凡曰：取淫秽邪书焚化者，得子孙忠孝节义报。将此等书，与圣贤经传并贮者，得子孙流荡纵泆报。翻刻淫秽邪书，贩卖射利者，得子孙娼优下贱报。

【译文】袁了凡说：收取淫秽邪书以及诽谤言辞焚毁的，可得到子孙忠孝节义的回报。将淫词小说，与圣贤书籍收藏在一起的，可得到子孙淫荡的报应。刻印淫词小说，并贩卖赢利的，将会得到子孙沦为下贱娼优的报应。

世间恶事，未有过于书春宫者，将使天下识字不识字之人，一概心醉神驰，岂非恶极。吾见擅此技之人，鲜不斩然无后者。盖以其画幅流传，不知惑多少子弟，坏多少闺门。即绝嗣不足偿其罪也。至其妻其女其媳，鲜不淫乱者。由其朝夕见闻，无非淫状。即有贞烈之性，亦化而为邪也。且其人亦必早殀而不寿。盖其执笔摹拟，刻刻淫心摇荡，真精浮散，梦遗滑精脱阳等症，相继而作也。呜呼。惨矣。夫百工技艺，何事不可为，而乃为此？山水花鸟何物不可画，而乃画此。处心积虑，将使天下无人不好淫，胥人于禽兽之域而后已。吾恐技愈精而孽愈重，孽愈重而报愈酷矣。

【译文】世上的恶事，没有超过画春宫图的，让天下认字和不认字的人全部都心醉神往，岂不是罪大恶极！我曾见过擅长这种技艺的人，很少有不绝后的。因为这些淫图的流传，不知道迷惑了多少青年，教坏了多少少女，就是让他绝后也不足以抵偿他的罪过。至于他的妻子女儿媳妇，很少有不淫乱的。由于整日见到和听到的，都是些淫秽情状，即使有贞烈的品性，也转化成邪淫了。而且这种人也定然早死，寿命不长，因为他拿着笔摹拟，时刻淫心摇荡，真气元精浮散，梦遗、滑精、脱阳等病症相继发作。唉，太惨了！那么多种技艺，什么事不可以做呢，却做这种事。山水花鸟，什么景物不可以画呢，却偏画它。他们处心积虑，要使得天下没有人不好淫色，直到陷入禽兽的地步才罢手。我担心他们的技艺越精则罪孽越重，罪孽越重则报应越惨。

射利之徒，造立淫方，将蝉酥、鸦片等物，修合丸散，或用服食，或用调敷，遍贴招贴，哄诱子弟。贪淫之辈，重价购买，取其强塞精道，以图快于一时。不知兴阳之药，性极炽烈，一入肠胃，未有不成病者。且毒气传染妇人，流注子宫，或发为恶疮，或受胎即堕，或生子殀殇，贻害种种，不可殚述。万望守土诸公，见此等招贴，立即严挐重处，责令改业，庶为地方造无穷之福。

【译文】谋取财利的人，制作春药，将蝉酥、鸦片等东西，加工配制成药丸药剂，或者用来内服，或者用来外敷，到处贴出广告，哄骗引诱他人子弟。贪图淫乐的人，花大价钱购买，用这种药强行堵塞精道，来追求一时的快活，不知道壮阳的药物，药性特别强烈，一到肠胃里面，没有不引发疾病的。而且病毒传染到女人身上，流进子宫里，有些引起恶毒的疮，有些一怀胎就流产，有些生下孩子就夭折，留下祸害多种多样，不能详尽叙述。万万希望肩负守土之责的官员，看到这些广告招牌，立即严加惩处，要求他们改换行业，这样做确实将为地方带来无穷的福分。

卖淫书淫画淫药，已属恶极，更有制造淫具，或以铅做，或以角为，种种丑名，不可枚举。此等淫具，不但使男人迷性，更令女子丧贞，较之杀人，其罪尤重。有地方之责者而不禁，是释杀人者而不诛也。乌乎可。

【译文】贩卖淫秽书籍、漫画、催情药物，已经是属于罪大恶极，甚至还有制作淫乐器具的，有的用铅做模具，有的用动物角做，各种丑恶的种类，无法一一列举。这些用于淫乐的器具，不仅仅容易让男人迷失本性，更能让女子丧失贞操，和杀人相比，这些做淫具的人罪孽更重。负责管理地方政务的官员不禁止这种行为,就如同释放杀人犯而不诛杀他们。这样可以吗?

家演戏文,不可乖帘设屏,使妇女窥望。盖娼优妖冶之容,惟恐不穷尽其态,易兴人淫荡之思。至伤风败俗之剧,尤不可点。

【译文】家中有表演戏曲的,不能不设置屏障帘幕,以避免妇女偷窥观看。因为唱戏的人浓妆艳抹、面容妖媚,唯恐不能够展现他们性感的一面,容易激发人的淫荡的想法。那些败坏社会风俗的戏曲,尤其不能指定演出。

赴人家戏筵,西厢牡丹亭之类,切不可点,恐有眷属窥视,启无穷之奸也。

【译文】到别人家中观看戏剧,类似《西厢记》、《牡丹亭》这样的曲目,千万不要点看,以免有家眷亲属偷窥,引发没有穷尽的奸情。

扫一扫 听导读

预塞邪径

毁谤圣贤者不友。

【译文】不和攻击、嘲讽、丑化圣贤的人做朋友。

编撰淫书不友。

【译文】不和编写淫秽书籍的人做朋友。

谈论闺门者不友。

【译文】不和谈论私房事情的人做朋友。

赌博狎妓者不友。

【译文】不和赌博嫖娼的人做朋友。

三姑六婆，不许入门。

【译文】不允许三姑六婆进入家门。

不蓄后丽虚花之仆。

【译文】不蓄养漂亮俊俏的奴仆。

亲戚故旧为僧道者，不留宿。

【译文】有亲戚朋友当和尚道士的，不留他们在家住宿。

不记奸情事。

【译文】不记录男女之间不正当的事情。

当避嫌疑

不轻入姊妹寝室。

【译文】不轻易进入姐妹的房间。

嫂叔相见不戏言。

【译文】嫂子和小叔子见面不开玩笑。

到出嫁姊妹家,不独入其卧房。

【译文】到了已经出嫁的姐妹家里,不独自进入她的卧室。

从堂姊妹嫂叔不轻见。

【译文】堂房的姐妹、嫂子、小叔子不轻易见面。

服尽姊妹不相见。

【译文】和五服之外的姊妹不相见。

女子无故不见姑夫。

【译文】女子没有重要原因不见姑夫。

妻子姊妹不相见。

【译文】和妻子的姊妹不相见。

婿至外家，不进内室。

【译文】门婿到丈人家，不要到内室去。

非至戚，非大礼，内外不通问。

【译文】不是至亲，不行大礼时，内眷和外客不要通话问讯。

孀妇家不借宿。

【译文】不住宿在寡妇家。

寓中有妇女者不凭住。

【译文】旅店中如有妇女的,不租赁居住。

访友不默入中堂,私窥内室。

【译文】访友时不要默不作声地进入中堂,窥探内室。

女亲非姑姊妹生女,不邀饮(留宿)。

【译文】女性亲戚如不是姑母或姐妹所生之女,不邀请她饮酒,不留她住宿。

女亲在家,卧室宜远隔。

【译文】女性亲戚住在家中时,卧室应安置远一些。

女亲在家,婢女卧榻不离主母。

【译文】女性亲戚在家里,她们所事的婢女的卧榻不要远离主母。

道旁不熟视妇女。

【译文】在路上不盯着妇女看。

肃清闺门

扫一扫 听导读

堂中不闻妇女声。

【译文】大堂中不能传出妇女的声音。

妇女不娇艳妆束。

【译文】妇女不要浓装艳抹,打扮得过于妖艳。

不看灯。

【译文】不去游玩赏灯。

不看台戏。

【译文】不去观看台戏。

不窥门。

【译文】不从门里偷窥。

无秽语。

【译文】不说淫秽的话。

女衣不晒外庭。

【译文】妇女的衣服不在外面的庭院里晾晒。

妾不与仆语。

【译文】小妾不能和男仆说话。

仆不入内门。

【译文】男仆不能进入妇女内室。

妻不在家，婢女不入卧室。

【译文】妻子不在家的时候，不让婢女进入卧室。

脱靴帽，换衣服，洗溺器，不用（婢女）。

【译文】不能让婢女给自己脱鞋子和帽子、更换衣服、清洗便器。

婢仆不令同处。

【译文】婢女和男仆不让他们居住一起。

视奴婢常作子女想。

【译文】把奴婢常常看做自己的子女来对待。

不与婢女嬉笑。

【译文】不和婢女嬉闹玩笑。

严整家法

扫一扫 听导读

不藏小说春宫。

【译文】不能私藏淫秽小说、春宫图。

男子过十岁不近婢。

【译文】男子过了十岁以后就不要接近女婢。

往亲友家,戒勿入内。

【译文】到亲朋好友家中,告诫孩子不要进入内室。

行路教以正视。

【译文】走路时要教他目不斜视。

不许习鬪牌掷骰。

【译文】不许孩子学习赌博技艺。

勿游妓馆。

【译文】不要游逛青楼妓院。

不延有文无行之师。

【译文】不请有文化没有德行的老师。

常谕以福善祸淫。

【译文】经常教导孩子行善有福、淫邪得祸的道理。

幼女勿使僮仆抱。

【译文】年幼的女儿不要让男仆抱。

女六岁后，不出中门。

【译文】女儿六岁以后，不要迈出中门。

不从未娶之师。

【译文】女儿不拜没有娶妻的人作老师。

不许唱淫词。

【译文】不许让她唱淫词曲调。

常语以古今节烈事。

【译文】经常和她说古往今来守节贞烈的故事。

门户严谨，家主蚤起晚睡。

【译文】家里的门要谨慎关好，家中主人要早起床晚睡觉。

不与迎春赛会。

【译文】不参加迎春赛会。

子女看智愚,分婚嫁迟早。

【译文】根据子女的智力成长情况,决定结婚出嫁的早晚。

中年丧妻无子,方许再娶。

【译文】中年的时候妻子过世、没有孩子,才可以再娶妻妾。

不蓄貌美乳母。

【译文】不蓄养长相漂亮的乳母。

不蓄艳婢。

【译文】不蓄养艳丽的奴婢。

不淫善报

扫一扫 听导读

歙县唐皋,少时灯下读书,有女调之,屡将纸窗舔破。皋随补讫,因题于上曰:"舔破纸窗容易补,损人阴德最难修。"后有僧宿其家,梦见状元匾,左右悬二灯,即书前二句,异而诘之,始知神示之象也。正德甲戌,状元及第。

【译文】歙县唐皋少年时在灯下读书,有女子调戏他,总是把窗户纸舔破。唐皋随即修补好,并因此在上面题了一句:"舔破窗户纸总还容易修补,损害别人的阴德却最难修补。"后来有位僧人在他家寄宿,做梦见到了状元匾,左右悬着两盏灯,就是前面提到的两句,觉得奇怪,便向少年问起,才知道这是神明指示的征兆。大明正德甲戌年,这个少年高中状元。

吴宽,少有介行,一富家延为师。其家有女方笄,窥见悦之。遣侍婢通意,宽即以他故解馆。去人叩之,终不言。后中会状两元,仕至大宗伯。

【译文】吴宽,年少时品行正直,一富贵人家延请他来做老师。他家女儿刚刚成年,窥见并喜欢上了这个少年。于是她派侍女向少年款通殷勤,吴宽立即以别的缘故辞去工作。富家派人去询问原因,吴宽最终也没说出。后来他高中会试、殿试两个头名,做官直至大宗伯。

无锡孙继皋,美丰姿,未遇时,馆于某家,主母窥而悦之。一日遣婢送茶,茶中一金戒指,孙佯不知,令收去。是夜婢来叩门云,主母到矣。孙即取大板,顶门不纳。明日遂归。人问故,曰:"生徒不受教也。"终不泄其事,后大魁天下。

【译文】无锡人孙继皋,长得非常秀气,未得到重用时,在某人家做教书先生,女主人窥见到他很是喜欢。某一天派侍女给他送茶,茶中一枚金戒指,孙继皋假装没看见,命侍女撤掉茶具。当晚侍女来敲房门说,女主人来了。孙继皋立即找来大木板,顶住房门,不让她进来。第二天便离开了这人家。有人问他缘故,他回说:"是因为那学生教不了。"最终也没泄露那件事,后来金榜题名。

宣德时，曹鼐为泰和典史，因捕盗，获一美女于驿亭，意欲相就，鼐奋然曰："处子可犯乎？"取片纸，书曹鼐不可四字烧之。终夜不辍。天明，召其母家领回。后大廷对策，忽飘一纸堕几前，有"曹鼐不可"四字。文思沛然，遂状元及第。

【译文】宣德年间，曹鼐任泰和典史，因为追捕盗贼，在驿馆抓获一名美丽少女，美女情意绵绵想要亲近自己。曹鼐奋激的说："处女可以碰么？"取来一张纸，上面写"曹鼐不可"四个字，并用火烧掉。一整晚不停地这样做。第二天，召来女孩的母亲将她领回家。后来在朝廷参加考试，忽然一张纸飘落几案上，有"曹鼐不可"四个字。于是曹鼐文思如泉涌，终于考中状元。

余姚谢迁，少时馆毗陵。主家女逾笄未嫁。一日乘父母出，叩馆求见。公退避女，直前持其衣，迁谕之曰："汝为女子未嫁，而我败之，终身之玷也。将使父母夫族，皆无面目。"遂厉色拒之。明日，托故辞馆，终不向人言。成化乙未，大魁天下。

【译文】余姚谢迁，少年时在毗陵私人家做教书先生。主人家有女儿过了及笄之年还未嫁人。某一天她乘着父母出门，到谢迁私塾叩门求见。谢迁退着步避开女孩，女孩径直近前拉住谢迁的衣角。谢迁训诫她："你是女孩子，还没出嫁，如我把你玷污，将是你终身的污点,将会让你父母亲戚都失去脸面,从而抬不起头来。"因此声色俱厉地拒绝了她。第二天,谢迁便找别的缘故辞别了这人家,最终也没向人提起这事。成化乙未年间,谢迁一举夺魁。

王文恪公鏊,未第时,有美女夜奔之。王书于壁曰:美色人人爱,皇天不可欺。拒之。后登鼎甲,为宰辅。

【译文】王文恪公鏊还没中进士的时候,有美女夜里私奔到他那,王鏊在墙壁上写:"美丽的女子人人都喜爱,只是老天爷不能够被欺骗。"因此拒绝了她。后来王鏊殿试高中探花,最后做了宰相。

罗伦赴会试,舟次姑苏,宿于向时所寓之楼。夜梦范文正公来贺,曰:"来年状元,子也。"罗谦不敢当。公曰:"某年此楼之事,感动太清,故以兹报子耳。"忆昔年曾拒奔女于此楼,梦当不妄。及廷试,果第一。

【译文】罗伦赴赴会试,船停靠苏州,在以前寄住宿过的楼上住宿。夜晚,他梦见范仲淹来贺喜,并对他说:"来年的状元就是你啊。"罗伦谦虚地说不敢当。范仲淹说:"某一年这座楼上发生的事情感动了上苍,所以用以回报你罢了。"罗伦想起当年曾经在这座楼上拒绝一名淫奔的女子,做的梦应该不会虚妄。等到殿试,果然高中状元。

常州吕宫,持身素谨。常于馆中夜读,有邻家小孀,乘月而至。吕峻拒之,不少动心。次日,复令侍婢持双玉鱼来赠,吕碎其玉。婢惭退,未尝与人言其事。后应试南闱,四鼓仅完六义,倦而假寐。忽有人促之曰"起",起。作文时,天将明。提书而出,遂中式。顺治丁亥,大魁天下。

【译文】常州人吕宫,修身素来很严谨。曾经在馆中夜读,有邻家小寡妇乘着月色来敲门。吕宫严肃地拒绝了她,一毫邪心也没起。第二天,那寡妇又派侍女捧着一双玉鱼赠予吕宫,吕宫把玉鱼摔碎了。侍女羞惭的离开了,而吕宫也不曾跟人提过这件事。后来他参加会试,四通鼓后仍只完成了六义,就困倦地打起了瞌睡。忽然听到有人敦促他快起来,他便起来。做文章时,天都快亮了。于是提着考卷出考场,最后通过了考试。顺治四年,吕宫金榜题名。

昆山余元文,得第之初,有人以事祷城隍庙,止宿焉。中夜见城隍升座,唤其人谓之曰:"汝知余氏中元之故乎?彼家累代不淫，积德动天。今中状元，特启端耳。"昆城至今传为美谈。

【译文】昆山人余元文，高中状元的时候，有人因事到城隍庙祈祷，便住在庙里。半夜看见城隍老爷登上宝座，叫醒那人，对他说："你知道余氏高中状元的缘故吗？他家历代都不犯淫戒，积累的德行感动上天，如今高中状元，只不过算是回报的开端罢了。"昆山至今还将这事传为佳话。

长洲韩菼，未第时，馆于某家，夜忽有一妇来奔，菼峻拒之。康熙癸丑，状元及第，官至大宗伯。

【译文】长洲人韩菼还没考上状元的时候，在某人家做教书先生。一天晚上，忽然有一名妇人跑来求欢，被韩菼严词拒绝了。康熙十二年，韩菼状元及第，最后官至大宗伯。

会稽陶大临，年十七，美姿容。赴省乡试，寓。邻女来奔，三至三却，遂徙他寓。寓主夜梦神语曰："明日有陶秀才来，乃鼎甲也。因其立志端方，能不为奔女乱故，上帝特擢之。"寓主告陶。陶心喜，益加砥砺。后中榜眼，官至大宗伯。

【译文】会稽人陶大临，年才十七岁，容貌秀美。赶赴省会参加乡试时，他借宿某处，一邻家女孩跑来求欢，跑来三回，陶大临拒绝三回，因此迁到别的寓所。寓所主人在头天夜里曾梦见神人对他说："明天会有一个陶秀才到你这借宿，他将会成为头三甲。因为他立志端正，不被淫奔女子扰乱本性的缘故，上天特地选拔了他。"寓所主人将这告诉了陶大临。陶大临心中欢喜，越发砥砺品行。后来高中榜眼，最后官至大宗伯。

归安沈桐，为诸生时，家贫，族兄逊洲，荐一姻家训蒙。主妇孀居，夜奔桐寝，桐峻拒之，次日辞归。妇恐语泄，备礼敦请，挽逊洲促之，数次不赴。逊洲诘其故，桐终不言，但曰"不便而已"。次年，与逊洲子节甫，同榜联提，官至福建巡抚。

【译文】归安人沈桐还是秀才的时候，家里贫苦。有个本家兄长沈逊洲推荐他到一个亲戚家做启蒙先生。这姻亲家女主人丈夫死了很久，一直一个人住着，于是晚上跑到沈桐寝室求欢，沈桐严厉拒绝了，第二天便告辞离开了。那女主人生怕沈桐会泄露他们的对话，便备下厚礼诚挚恳请他回来，又央求沈逊洲催促他多次，他最后还是没有回去。沈逊洲诘问其中缘由，沈桐最终什么也没说，只说"不大方便罢了"。第二年，沈桐和沈逊洲的儿子沈节甫同榜联名高中，最后官至福建巡抚。

太仓陆容，美丰仪。天顺三年，应试南京。馆人女善吹箫，夜奔容寝。容绐以疾，与期后夜。女退，作诗云："风清月白夜窗虚，有女来窥笑读书。欲把琴心通一语，十年前已薄相如。"迟明托故去。是秋中式。先期，其父梦郡守送旗匾，上题"月白风清"四字。父以为月宫之兆，作字遗容，容益悚然。年二十四，成进士，官至参政。

【译文】太仓人陆容，容姿俊美。天顺三年，到南京应试教人女儿。主人的女儿擅长吹箫，夜晚跑到陆容寝室求欢。陆容骗她说自己生病了，跟她约定后天晚上。那女孩离开后，陆容作了首诗，写道："风清月白夜窗虚，有女来窥笑读书。欲把琴心通一语，十年前已薄相如。"天一亮便借故离开了。当年秋天便通过了考试。此前，他父亲梦见地方长官给他送来旗匾，上面题着"月白风清"四个字。他父亲以为这是儿子要蟾宫折桂的征兆，便写信寄给陆容。陆容越发惶恐严谨。二十四岁那年，考上进士，最后官至参政。

归安茅坤，弱冠游学余姚，寓钱应扬家。钱有美婢，慕茅丰姿，夜至书室呼猫。茅曰："汝何独自来呼猫？"婢笑曰："我非呼小猫，乃呼大茅耳。"茅正色曰："父命我远出读书，若非礼犯汝，令我何以见父？又何颜见若主、见先生？我必不就，切勿再来。"婢惭退。茅后登进士,官副使。

【译文】归安人茅坤,二十岁时到余姚求学游历,在钱应扬家寄寓。钱氏家有名美丽的婢女,倾慕茅坤的美貌姿容,夜里到书房来找猫。茅坤问:"你怎么独自一人前来找猫?"婢女笑说:"我不是来找小猫,是来找大茅的呀!"茅坤脸色刷地一变,对她说:"我父亲让我远走求学读书,如果不顾礼义冒犯了你,让我有何面目见父亲?又有何面目见你主人和先生?我一定不会同意的,你别再过来了。"婢女羞惭地离开了。茅坤后来考上了进士,官至副使。

浙有指挥使,延师训子。师病寒,欲发汗,令其子取被。以母卧被与之,误卷母鞋一只,落师床下。使来视疾,见鞋,疑妻与通。夜讯妻,妻不服。令婢诡以妻命邀之,已持刀伺其后。俟门开,两杀之。师闻叩门,问何事。婢告以主母命召师,师怒曰:"是何言与!明日告主人,罪尔。"使复强其妻往,师固拒曰:"某家东翁相延,岂敢以冥冥堕行哉?"门终不开。使怒稍平,然疑终不释。明日,师辞去。使始释然,谢曰:"先生正君子也。"始述昨日事始末,谢罪。未几,师登第,位显爵。

【译文】浙江有个指挥使,聘请了一位师傅来教育儿子。师傅生病体寒,要出汗,让弟子取被子来。弟子去抱了母亲的卧被,抱被时不小心卷进一只母亲的鞋,掉落师傅床下。指挥使来探视师傅,看见鞋子,疑惑妻子与师傅私通。夜里审讯妻子,妻子不承认。指挥使让婢女假称是夫人的命令邀请师傅,自己握着刀埋伏在后面。等到门开时,将奸夫淫妇一并杀却。师傅听见敲门声,问是什么事,婢女告诉他夫人让她来邀请师傅。师傅生气地说:"这是什么话!明天我告诉主人,治你的罪。"指挥使又强迫妻子前往邀请,师傅坚决拒绝说:"您家东道主邀请我,我感激不尽,怎么敢因为见不得人的事情堕败品行呢!"最终也没有开门。指挥使的怒气稍稍平复,然而还是疑惑不已。第二天,师傅告辞离去。指挥使这才冰释前疑,向师傅道歉说:"先生是正人君子啊!"方才将昨天事情的始末告诉师傅,并且深深致歉。不久,师傅便及第,位列高位。

天顺间某生,浙人,读书山中。一日归途遇雨,远见前有汉光武庙,趋赴之。先有一少妇止焉,拱立空隅,目不流眄。抵暮,雨益猛,势不能行,遂各面壁而坐。鸡鸣雨止,某生先行。妇归,感其厚德,以告夫。夫亦儒生也,竟以瓜李之嫌,出之。后乡荐,某生与妇夫同门,共谒房师。房师云:"初阅子卷,不惬意,掷之地,若有人腾置几上,如是者再。子其有阴德乎?"某生云:"实无他。偶有一事,梦中亦闻人言,当以此中,然未敢信也。"遂述颠末。同年拜谢曰:"当时避雨妇,拙荆也,非兄言之,拙荆终身无以自明矣。"遂迎归,好合如初。即以妹妻生。次年,某生复高擢。官至礼侍,享遐龄而终。

【译文】 天顺年间某秀才,是浙江人,在山中读书。某一天回家的路上遇雨,远远看见前面有汉代光武帝的庙,便小跑过去。先前已有一妇人在此处避雨了,因此秀才拱手立在墙角,目光丝毫不乱瞟。到了傍晚,雨越下越大,势必不能赶路了,因此两人各自对着墙壁坐着。天明鸡叫,雨停了,那秀才先行离去。妇人回到家,感佩秀才的德行,便把事情告诉了丈夫。丈夫也是儒生,竟然因为瓜田李下的嫌疑将妇人休了。后来乡里举荐二人,那秀才与妇人丈夫同门,共同拜见房师。房师说:"开始看你的卷子,不满意,便扔到地上。仿佛有人将卷子扔到几案上,像这样有两次,你难道积有阴德吗?"那秀才说:"实在没别的阴德。偶然遇见一事,梦中也听人说,应当因为这个被您选中,然而不敢相信哪!"于是将事情始末说了。那个同年,妇人丈夫拜谢说:"当时避雨的妇人,正是我的妻子。如果不是兄台提起,我那妻子恐怕终身没办法澄清自己了。"因而将妻子迎回家,和好如初。便将妹妹嫁给了那秀才。第二年,那秀才又中榜。后来官至礼部侍郎,享受高龄才离世。

南城童蒙，美丰姿，邻女慕之，一夕私奔。童曰："尔尚未字，我若苟合，有玷终身。欲为伉俪，我又贫窭，无以为礼。"女度不谐，垂涕而返。童待旦，托故迁居，后登进士。

【译文】南城人童蒙，长得很秀气，邻家女孩爱慕他，某一天晚上偷偷跑到他家。童蒙说："你还没嫁人，我如果跟你有了私情，将会给你一身带来污点。如果跟你结为夫妇，可我又这么贫穷，没办法置办彩礼。"女孩眼看不能成好事，抹着眼泪回去了。童蒙等到天亮，借故搬迁了，后来中了进士。

漳庠生汪一清，遇乱被获，见贼执一妇至，乃同学友妻也。竟认为妹，许其赎出。贼同闭一室，相对月余不起邪念。后得赎归，友泣拜谢之，汪随登第。

【译文】漳州秀才汪一清，遇到战乱被虏获，看见贼人绑缚着一名妇人来到，乃是同窗好友的妻子。于是秀才竟将妇人认作妹妹。贼人允许他二人被赎回。贼人将二人关在同一屋子里，二人相对一月有余，秀才也没兴起邪念。后来得以赎回，朋友哭着拜谢他，汪一清随即及第。

溧水汤聘，病剧而逝。觉魂自顶出，遇观音大士。大士令谒孔圣，继谒文昌。查某年月日，汤某买舟诣如皋，舟人少女美姿善谑，意欲就汤，汤正色拒之，当前程远大，亟令还魂。复谓之曰："因汝见色不淫，故注名禄籍。汝宜信心乐善，今日人心险薄，鬼神伺察极严。善恶册籍，一月一造。无俟后日来生，始有果报也。"谕毕即醒，顺治辛丑成进士。

【译文】溧水人汤聘，生了大病去世。去世时自己觉得魂魄从头顶脱离身体，遇见了观音菩萨，观音菩萨让他去拜见孔夫子，继而拜见文昌帝君。文昌帝君查到某年某月某日，汤某租赁船只去如皋，船夫小女儿可爱又善戏谑，想向汤聘求欢，汤聘正色拒绝了。此人应当有远大的前程，速速让他还魂重生。又对汤聘说："因为你见美色而不生淫心，所以在官籍载有姓名。你应当一心一意乐善好施，如今人心极其凉薄，鬼神窥察很严格，善恶的籍册，每月造一次。不必等到下辈子再生才会有因果报应。"告诫完了，汤聘便醒了，顺治十八年高中进士。

徽州程孝廉，滨溪而居。溪上桥窄，有女子过桥，失足堕溪，孝廉遣家童救起。女衣履尽湿，暮不能归。孝廉留至家，命内人烘衣，且伴之宿，自移寝书馆。次日，送回母家。女之舅姑，闻而不悦，曰："媳外宿，非完女矣。"欲退婚。孝廉闻而谕之曰："汝媳到我家，我即移宿馆中，而令内子伴之，汝无疑也，但娶妇便知，岂可以莫须有，累此女一生。"固强其夫成婚。不一年，夫卒，举遗腹子。孀妇纺织，课子读书，灯前常流涕语子曰："汝读书若成名，毋忘程孝廉先生恩也。"嗣后其子弱冠登科。丙辰入会场，每成一艺，必朗诵一遍，拍案叫绝，自鸣得意。文完，又读一遍。忽放声大哭。程孝廉与邻号，问之。少年曰："七篇皆极得意，不料灯篝焚卷数行，是以哭。"程云："可惜好文章置诸无用，何不与我誊写。中则谢兄千金，不中以百金为路费，可乎？"少年许诺，程录其文。遂中进士。榜后，少年诣程寓曰："公生平有何阴德，而以我之文成名？"程自反生平无甚阴德，少年固请不已。程云："我二十年前，曾救一女子之溺，其夫家议退婚，我力为辩白，复谐伉俪，或者此一事差有阴骘耳。"少年涕泗拜伏曰："我母之恩人也，敢望报乎。"因以母灯前语告，相得甚欢，事如师礼。

【译文】徽州人程孝廉，傍着溪水居住。溪上桥身窄小，有一女孩过桥，失足落水，孝廉让家童将她救起，女孩衣鞋全湿了，因天晚不能回家，孝廉便将她留宿家里，让妻子帮她烘干衣服，而且同她一起睡，自己到书房睡去了。第二天，将她送回母亲家。女孩的未来公婆听说这事后很不高兴，说："儿媳妇在外留宿，不会是处女了。"便想要悔婚。程孝廉听说后告诉他家："你家儿媳妇到我家中，我随即搬到书房睡觉，让我夫人伴她睡觉。你不要怀疑什么，只管娶回家去便知道了。况且怎么可以以捕风捉影的罪名让这个女孩一辈子受罪呢！"于是坚决要求夫家成婚。成婚不过一年，丈夫就死了，只留下了遗腹子。寡妇靠纺织养家，敦促儿子读书，灯下常常流泪对儿子说："你如果读书将来有了出息，不要忘了程孝廉先生的大恩大德啊。"后来他儿子刚成年便中了举，丙辰进入会场，每成一艺，必定朗诵一遍，拍案叫绝，自己夸耀自己，极其得意。文章写完后，又读了一遍，忽然放声大哭。程孝廉跟他临房，询问他怎么了。少年说："七篇文章都极其满意，不料油灯把试卷烧掉了几行字，因此哭。"程孝廉说："可惜了好文章变成没用的废纸，你为什么不让给我誊写，考中便感谢你千两银子，考不中也给你百两作为路费，你说怎么样？"少年答应了，程孝廉将他卷子拿来誊抄，后来中了进士。发榜后，少年到程孝廉的寓所，说："您生平有什么阴德，竟然靠我的文章取得功名？"程孝廉自己反思平生没什么大阴德，少年坚决要他说。程孝廉便说："我二十年前曾经救过一名落水女子，她的夫家决议退婚，我为女子力辩清白，因此夫妻终成好事，也许这一件事大约有了阴报吧！"少年痛哭流涕，倒身便拜，说："您就是我母亲的恩人哪，我哪里敢向您索取回报呢！"因此将母亲灯下谆谆告诫的话告诉程孝廉。两人非常投机，少年将他当做师傅一样看待。

　　郑公钢长洲人，为人端悫，言动以礼。少授徒于富家，主妇窥而属意。一日读书,有老妪俯度其足,问何为。曰:"娘子欲为君作鞋耳。"钢正色叱之,即束书归。由乡贡典教泰和。彭侍讲教,曾学士彦,皆出其门。合辞荐于朝,拟用为云南提学佥事,授宁府长史。数进直言,不合,致仕。

【译文】长洲人郑公钢,为人端正诚实,语言举止都符合礼节。年少时在富人家授徒,主人的妻子窥见并对他产生好感。某一天郑公钢正在读书,有老妇人俯身量他脚的大小,问她在做什么。老妇人说:"夫人想要替你做鞋子。"郑公钢正色怒叱了她,立即将书籍打包回家了。后来由乡贡提拔,在泰和主管教育。侍讲彭教,学士曾彦,都出其门下。他们一起上书向朝廷推荐郑公钢,朝廷准备任用他为云南提学佥事,授予宁府长史之职。他因为数次向长官直言进谏,与长官意见不合,最后退休。

广都费枢,入京师,宿旅店。主家妇夜就之曰:"我父京师贩缯,家在某里,以我嫁此店主,夫亡家贫,愿委身上客。"公曰:"我不犯非礼,汝情吾已知之。"至京,访其父,通名,父曰:"吾夜梦神告,吾女将失身,非遇费枢,将不免。君姓名是也,愿闻其说。"具以告。其父流涕谢曰:"神言君且为贵人,当不妄。"即日迎女归,嫁之。明年费登第,为巴东守。

【译文】广都人费枢,赶赴京城,路上住在一家旅店。店家妇人晚上到他那对他说:"我父亲去京城做卖丝绸的生意,家是某地的。父亲把我嫁给这家店主,现在丈夫死了,家里很苦,愿意委身做您的妻子。"费枢说:"我不做有违礼法的事情,你的情况我已经知道了。"费枢到京城后寻访妇人的父亲,通报姓名后,妇人父亲说:"我夜里梦见神人告诉我,我女儿将要失身,如果不是遇到费枢,将不免会有丑事。说的正是您的姓名呀,老夫愿闻其详。"费枢便把事情原委告诉他。那妇人父亲流着眼泪感谢道:"神人说您将要做贵人,应当不是虚妄的。"不久就将女儿迎回来,嫁给了费枢。第二年费枢高中,后来做了巴东太守。

太君州吏顾某,凡迎送官府,必至城外卖饼江某家。江后被仇唆盗攀累下狱,顾集众诉其冤,得释。江有女,年十七,不日送顾所,曰:"感公之恩,贫无以报,愿将弱息,为箕箒妾。"顾使其妻送归。父又携往,顾复却还。后饼家甚窘,鬻女于商。又数年,顾考满赴京,拨韩侍郎门下办事。一日侍郎他适,顾偶坐前堂槛上,闻夫人出,趋避。夫人见而召之。跪庭中,不敢仰视。夫人曰:"起,起,君非太仓顾提控乎?身即卖饼儿也。赖某商以女畜之,嫁充相公少房,寻继正房。秋毫皆君致也,第恨无由报德。今幸相逢,当为相公言之。"侍郎归,乃备陈首末。侍郎曰:"仁人也。"竟上其事。孝宗称叹,命查何部缺官,遂除礼部主事。

【译文】太君州的官员顾某,凡迎接送别官府人员,一定会到城外卖饼的江家。江家后来被仇人教唆盗贼诬供牵连下狱,顾某召集众人为江家伸冤,最后获释。江家有个女儿,年方十七。出狱没多久江家便把女儿送到顾家,说:"感激恩公大恩大德,因贫苦没法报答,愿将小女儿做为您任意使唤的婢妾。"顾某让自己妻子将女孩送回。江某又亲自带女儿上门,顾某又推辞送回。后来江家实在太困窘,把女儿卖给了商人。又过了几年,顾某考核满了回京,在韩侍郎门下做事。某一日韩侍郎外出,顾某偶然坐在前厅的栏杆下,听说夫人出来了,急忙碎步避开。夫人见到他,召他过来,顾某跪在院子中,不敢抬头看。夫人说:"快快请起,您不是太仓的吏人顾某吗?妾身就是卖饼老翁的女儿呀。幸亏某商人把我当作女儿养,嫁给了相公充做后房,不久扶作正房。这所有的都是您的功劳啊,只是遗憾没办法报答您的恩德。如今幸而相见,定当在相公面前替你说话。"韩侍郎回来后,夫人便详细说了事情经过。侍郎说:"这是个仁德的人啊!"最后向皇帝报告了这件事。孝宗称叹,命人查哪部门有缺职,于是任命顾某为礼部主事。

何澄,以医著名。同郡孙勉之,病久不愈,其妻俞氏,延澄调治。乃引澄密室语曰:"良人久病,典卖殆尽,顾以此身酬药值。"澄正色曰:"娘子何为出此言,但安心勿忧,当为疗治。苟以此相污,不惟使澄永为小人,娘子亦失大节。纵免人责,天谴其可逃乎?"其妻惭感而止。澄一日假寐,恍见一神,引至公署。主者曰:"汝医药有功,且不于危急中乱人妇女,奉上帝敕赐汝一官,钱五百贯。"未几,东宫得疾,诏访澄。一剂遂安,赐官赐钱,悉如神语。

【译文】何澄,以医术而著名。同郡的孙勉之,久病不愈,他妻子俞氏请何澄来调养治疗。于是她将何澄引到密室里,对他说:"夫家久病不起,家里东西已经典当的差不多了。我愿意将自己作为药钱酬报于你。"何澄一脸严肃地说:"夫人为何说出这样的话来!您只管安心,不要忧虑,我定当为您丈夫疗治。如果用这个来侮辱我,不仅让何澄沦为小人,夫人您也丢失了贞洁。纵然免去了人间的责罚,上天的责罚难道能够逃得掉么?"夫人惭愧感动,不再继续说此话题。何澄某一天小憩,恍惚看见一个神人,将他引到官署里。主事的说:"你救病治人有功劳,而且不趁人之危占人妻子的便宜,我奉上帝的旨意赐给你一个官职,五百贯钱。"没过多久,太子染病,皇帝下诏寻访到何澄。何澄一副药方服用下去,太子的病便好了。最后赐予的官职和钱数,全部与梦中神人说的一模一样。

宁波孙厚,家贫,失馆,在塘西张氏抄写,其家一婢夜奔之，公大詈曰："《感应篇》谓'三台、北斗，及三尸神等，随身纠过，'岂夜深人静，而上天弗知乎？"峻拒之。婢与同斋西席，得合而出。端节，西席回里，疽发背死。主人即聘孙为师。假馆归，遇其叔于江口。叔曰："吾侄且喜。我因儿病，祷于城隍，夜梦城隍呼吏，将饥籍所改者，唱名对册，唱侄名。潜问吏：'孙某缘何改去？'吏查册曰：'此人本四十六岁出外饥死，因今年四月十八日夜拒某婢淫奔，延寿三纪，改入禄籍。'我是以为侄贺也。"孙后致富，年七十，无疾终。

【译文】宁波的孙厚，家里贫困，失去教席，在塘西张氏家里做抄书匠。张氏家有一婢女，夜里私下到他屋里，孙厚大声骂道："《太上感应篇》里说：'上天有专门鉴察人间善恶的三台星与北斗星，而人自身有三尸神都在随身察人的过错。'难道夜深人静做坏事，老天爷就不知道了吗？"于是严厉地拒绝了她。婢女跟一同斋的教书先生苟合，然后被赎出。端午节，那个先生回乡里，背上发疽病而死。主人随即聘请孙厚作为老师。后来孙厚请假回家，在江口遇到他叔叔。叔叔说："我的侄儿将要有喜事。我因为儿子生病，去城隍庙祈祷，夜里梦见城隍老爷呼叫吏人，将饥饿簿籍被除名的，唱名字，对一对册子，我听到唱到了你的名字。于是我偷偷问了吏人：'孙某因为什么被除名？'吏人查了册子说：'这个人本来应该四十六岁外出受饥饿而死，因为今年四月十八号晚上拒绝某家婢女的淫奔，延长三十六年的寿命，改入福禄簿子。'我因此向侄儿道喜啊。"孙厚后来也慢慢变得富有，七十岁时，寿终正寝。

山阴庠生高用行，为人慷慨正直，有贫妇奔之，拒而不纳。临卒，见有四座来迎，为某县土地。后访其地，神像适于是日开光。【以上福及本身之报。】

【译文】山阴的秀才高用行，为人慷慨正直。有贫苦妇女投奔到他那，他拒绝不肯接纳。临终时，看见有四位神仙来迎接他，去当某县的土地神。后来有人到那地打听，说神像正好在那天放出光芒。【以上是福禄在本身应验的报应。】

温州周状元旋之父，多子而贫。其邻人赀甲一邑而无嗣，与周交密，欲令妻求种。妻勉从夫言，为具召周。酒半佯入睡，令妻出陪，委曲申款，因屏婢而告曰："我夫以君多男，使贱妾冒耻求种。如它日得男，所积皆君子有也。"周愕然遂起，而闭门不得出，遂以指书空云："欲传种子术，恐欺头上天。"并不留眄。妻徬徨失意，叱婢启门，与夫共悔恨之。正统乙卯，周子旋中乡榜，太守梦迎新状元。即旋也，而彩幡上写"欲传种子术"二语，莫测其故。明年丙辰，旋大魁。报至，太守往贺，因诘所梦幡上语。周曰:"此老夫二十年前,以手指书空者。"竟不泄邻事。

【译文】温州一个状元周旋的父亲,儿子众多,家里贫困。邻居一家富甲一方,却没有子嗣。富人与周父来往密切,想让妻子向周父借种,妻子勉强答应丈夫的要求,于是开宴招待周父,筵席中途,富人假装喝醉回房睡觉,让妻子出来陪酒,妻子恭恭敬敬,极尽款情,因而屏蔽奴婢,对周父说:"我夫君因为您儿子多,让我忍着耻辱向你借种,如果他日生出男孩,家里积累的资产都是您的了。"周父满脸错愕,惊得站起来要走,可门被反锁出不去,于是用指头在空中写字:"欲传种子术,恐欺头上天。"对富人妻子一眼都不愿再看。妻子在屋里彷徨,方寸凌乱,便喊来奴婢开门,跟丈夫俩人悔恨不已。正统乙卯年,周旋中了乡试,太守梦见迎接的新状元就是周旋,而彩色旗帜上写着"欲传种子术"两句话,猜不出其中含义。第二年周旋果然考中状元,捷报传来,太守到周家祝贺,因而诘问梦到的旗子上的话。周父说:"这是我二十年前用手指在空中写的。"最终也没泄露关于邻家的那事。

镇江靳瑜,五十无子,训蒙金坛,妻出买邻女为妾,瑜归,妻置酒于房,以邻女侍,且告其故。瑜面发赤,半声不言,妻以为己在也,出而反扃其户,瑜遂逾窗出。告妻曰:"汝意固厚。但此女幼时,我尝提抱之,恒愿其嫁而得所。吾年老多病,不可以辱。"遂还之。次年,妻生文僖公。十七岁发解,位至宰辅。

【译文】镇江人靳瑜,都五十岁了还没有一儿半女,在自己到金坛教书期间,妻子在外面买来邻家女子给丈夫做妾,靳瑜回来后,妻子在屋里置办酒席,让邻家女孩侍奉,而且告诉了丈夫缘故。丈夫脸刷的红了,半天说不出话,妻子以为是因为自己在的缘故,便出去把门反锁了。靳瑜竟爬窗子跑出来了,对妻子说:"你的心意固然很好,但这女孩小的时候我曾经抱过她,常常希望她嫁得好人家,我都这么老了,还生一身的病,怎么能糟蹋这么如花似玉的小姑娘。"因此把女孩还给邻家。第二年,妻子生下了后来的靳文僖公,十七岁就由州郡送到京城参加会试,最后位至宰辅。

山阴俞义昭,年四十外,无子。一日至九领收租,独宿楼上。有邻妇素不端,夜就俞。俞连曰:"请回,请回。"妇逾逼,俞厉色拒之,乃退。是夕梦张仙与一弹子,遂生绣升公。

【译文】山阴人俞义昭,年过四十还没儿子,某一日到九领收租,独自一人住在楼上,邻家有个素来品行不端的女人,夜里来到俞义昭房里。俞义昭连连推辞说:"请回!请回!"那女子越发强求,俞义昭声色俱厉的拒绝,才离开了。当晚他便梦到送子张仙给他一粒弹丸,于是后来便生下了绣升公。

四明陆贞吾之父,馆于钮姓家,多丽妾,一日小鬟遗花,云出某娘意,陆正色拒之。后复遗金环等物,亦叱去。事闻于主,主愤执利刃,谓遣钱婢叩门试之。陆厉声云:"当白主人。"主人方知无他也。即请启门,掷刀于地曰:"几误害先生矣。"陆即辞归,后子贞吾,午未联捷,历御史,官至廷尉。

【译文】 四明人陆贞吾的父亲在钮氏人家做教书先生,那人家多美丽的姬妾。某一天,小丫鬟送给他一枝花,并说是某娘子的意思,陆父一脸严肃的拒绝了。后来又送他金环等东西,也斥退了去。事情传到主人耳朵里,主人愤怒的手持锋利的刀,叫送金钱的奴婢叩门,想试试陆父。陆父高声道:"我要禀报主人去。"主人才知道他确实没别的行为。立即请他开门,把刀丢到地上,说:"差点误伤了先生您了。"陆父便辞去工作回乡了。后来陆贞吾连续两年里会试、殿试连续高中,后来做过御史,官至廷尉。

汴三韭,博学善诗,馆于怀氏。有女常窥之,卞岸然不顾。一日晒履于庭,女作书纳履中,卞得之,即托故辞归。袁怡杏作诗赞之有"一点贞心坚匪石，春风桃李莫相猜"之句，答书力辨无此事。怡杏缄其书而题曰："德至厚矣。"子甚，曾孙锡皆登进士。

【译文】汴三韭，学问渊博，善作诗，在怀氏人家教书，有女子常常窥探他，汴三韭一脸严肃，并不去看她。某一天，他在庭院里晒鞋，女子把写好的信装到鞋子内，汴三韭发现后，立刻借故辞职离开了。袁怡杏写诗赞颂，其中有"一点贞心坚匪石，春风桃李莫相猜"的句子。汴三韭写信给他竭力争辩绝无此事，袁怡杏将他的信封起来，并题了一句话："德行真是极其忠厚啊！"汴三韭儿子汴甚，曾孙汴锡都高中进士。

余干陈医师，一贫士患弱症，将死，陈治之得痊。贫无以谢，陈亦不望报。后薄暮过其家，适贫士赴馆，母与妻留之宿。夜深姑谓妇曰："尔夫之命，实由陈先生再造，尔往伴一宵，以报德。"妇唯唯，出就陈，力拒。妇曰："姑意也。"陈曰："奈贤夫何。"妇曰："夫之一身，皆君赐也，何有于妇？"陈曰："不可。"妇强之。陈连曰："不可不可。"后几不能自持，取笔连书于案曰："不可不可，二字甚难。"天明辞去。后陈子乡试，考官欲弃其卷，忽闻空中呼曰："不可。"复阅其文，又欲弃之，闻连声曰："不可不可。"最后阅其卷，决意去之。闻大声呼曰："不可二字甚难。"考官意其人必有阴德，姑录之。榜出召问，述其详，乃知其父不淫之报，后子登进士。

【译文】 余干陈姓医生，遇到一个贫苦的书生染上衰弱之症，快要死了，陈医生将他医治痊愈了。那书生穷的没法酬谢，陈医生也不求他回报，后来路过书生家，正好书生到书馆去了，书生母亲和妻子留宿了他。夜深婆婆对儿媳说："你丈夫的命实在是由陈先生再生的，你去陪他一晚上，好报答他的救命之恩。"儿媳只能遵命，出屋去到陈医生住的地方，陈医生坚决不肯。女子说："这是婆婆的意思。"陈医生说："那你的丈夫怎么办？"女子说："丈夫的身家性命都是您赐予的，何况是他妻子。"陈医生说："不可"，女子强迫他，陈医生连连说"不可不可"。后来几乎把持不住了，取来毛笔在桌案上连着写很多"不可不可，两个字做到很难。"第二天，天一亮就离开了。后来陈医生的儿子参加乡试，考官想丢弃他的试卷，突然听见半空有声音喊道："不可"。便再阅卷，又想丢弃，又听见连续的呼喊："不可不可。"最后又看了一遍，决心丢弃。又听见大声呼喊："不可，两个字做到很难！"考官料定那考生必然有阴德护佑，姑且录取了。发榜后招来考生一问，详述缘由，才知道是他父亲不纵淫心的果报，后来儿子考中了进士。

黄靖国为宜州判官，一夕被摄至冥，主者曰："宜州有一美事，汝知之乎？"命吏取本示之。乃医士聂从志，某年月日，往华亭杨家治病，杨妻李氏淫奔，从志力拒。上帝敕从志延寿三纪，子孙三世登科。黄醒以告从志，从志叹曰："此独知事，妻子未尝与言，不谓已书阴籍。"后享高寿，子孙登科。

【译文】黄靖国做宜州判官时，某一天晚上魂魄被抓到阴间，主事者对他说："宜州有一件美德的事情，你知道么？"于是命吏卒取来簿册让他看，上面写着：医生聂从志在某年某月某日，到华亭的杨家治病，杨氏的妻子李氏纵淫欲与其私奔，聂从志坚决拒绝。天帝下旨让聂从志延长三十六年的寿命，他的子孙三代都高中进士。黄靖国醒后把这个梦告诉了聂从志，聂从志叹了一声，说："这就一人知道的事情，妻子和儿子都不曾跟他们提过，不成想已经被阴间簿册记下了。"后来聂从志活了很大年纪，子孙也都代代高中。

刘洪钦，年七十无子，买得美婢，名兰孙。诘其家世，乃济人，父官淮西，以衣冠家被俘掠至此。刘太息曰："是忍至之使令也。"即置其女所，先嫁之。是夜梦绿衣人谢曰："余兰孙父也，荷德无以报。知公之无嗣，因为力请于帝，已赐公延寿三纪，连得双璧。"后二子弱冠登第，刘犹及见。

【译文】刘洪钦七十岁还没儿子，买了一名美丽的婢女，名叫兰孙。盘问她的家世，原来是济南人，父亲在淮西做官，因为是官宦人家被俘虏盗掠到这里。刘洪钦长长的叹了口气，说："这样的女子我怎忍心让他排入我的后房呢？"立即把女子安置在自己女儿们住的地方，先将她出嫁。当晚便梦见穿绿衣服的人来致谢："我是兰孙的父亲，蒙受您的大恩大德，无以为报。知道您没有子嗣，因而为您向天帝请求，已经赐予您三十六年的寿命，一对双胞胎儿子。"后来两个儿子刚成年就高中进士，刘洪钦都还来得及见到。

毗陵钱某，行善乏嗣。里有喻老，为势家所逼，某贷于钱，事平，喻挈妻女踵谢。妻见女有姿色，欲翁娶之，喻甚喜。公曰："乘人之危，不仁。本欲行善，后杂爱欲于其间，不智。"急还之。后生子天赐，年十八，乡会联捷。

【译文】毗陵人钱某多行善事，却没有子嗣。乡里有个姓喻的老人，被有权势的人家逼迫，喻老向钱某贷款，平息了事情，喻老带着妻子女儿上门拜谢。钱某妻子见喻老女儿颇有几分姿色，想让丈夫娶回家，喻老听说后很欢喜。钱某却说："乘着别人有危难做这种事，不仁道。本来就是想行善，事后反而掺杂了欲望在里面，能算是明智吗？"急忙把女儿还回家。后来钱某生了一个儿子名叫天赐，十八岁就乡试、会试连续高中。

张文启与周某，避寇山中。有少女先在，见二人，仓皇欲避。张曰："去必遇寇，吾等皆诚实人，决不相犯。"中夜周欲私之，张力阻，得免。及旦，张恶周在，同之出山。知寇已退，速访其家迎之。张后为黄姓者婿，奁具甚厚，观之，即避时女也。生二子，皆登第。

【译文】张文启跟周某在山里避盗贼，已有一名少女先在那躲避，见到二人，仓皇之下要逃走。张文启说："你离开这里一定会遇到盗贼，我们都是老实人，决不会侵害你的。"半夜，周某想要非礼女孩，经张文启阻拦才得免。等到天亮，张文启厌恶周某也在，便陪着女孩一同下山。打听到盗贼已经退兵，急忙寻访女孩家，让家人领回去。张文启后来被黄姓人家招为女婿，陪嫁品极其丰厚，细细一看这女孩，原来就是当时一同避乱的女孩。他们后来生了两个儿子，都高中进士。

常熟孙优人，奏技于郊外之富室，主母见而悦焉，遣婢招之。孙思此事不可为，托病命他优代其役，自持灯觅路而归。出门，因夜深不可行，投宿古庙，梦两尊神相谓曰："不意此人有此善行，应议赏。"因令查其禄籍，侍者持一本至曰："此人禄寿俱无，子嗣亦绝。"又令人查其祖父何若，答曰："其薄福如本人，无低昂也。"尊神曰："岂可使善人无后？大福不可得，当与一令子耳。"岁余举子，即子长也。弱冠游庠，擢恩贡，官拜司李，未赴任。家居，聚徒讲学，江左士林，推巨擘焉。【以上庆流子孙之报。】

【译文】常熟的一个孙姓优伶在郊外一富人家表演，女主人看见了，非常喜欢，派婢女招他过来。孙氏认为这件事不能干，便假托生病让别的优伶替他的活，自己手持灯笼寻着路回去。出了富家门，因为夜深实在走不了，便在一古庙里投宿，睡觉梦见两尊神对话说："想不到这个人会有这样的善行，理应想法予以奖赏。"因而让人查询他的福禄寿命册子，侍者拿来一本说："这个人福禄和寿命都没有，也没有儿子。"又命人查询他的祖父是怎么样的人，侍者回说："跟孙子一样福禄薄，没有什么两样。"两个神人说："怎么可以让善良的人没有后代？他虽不能拥有大福报，儿子还是应当给他一个的。"一年以后生了一个儿子，名叫子长。孙子长成年后在官学游学，被皇帝以恩贡选拔，任命为推官，不去赴任，只在家住着，聚集生徒讲道问学，江南的士子们将他推为一代大师。【以上都是福报延及子孙的。】

嘉靖间，某生东邻一妇甚艳，屡屡流盼。一日乘夫他往，穴墙招生，生亦心动，问："从何来？"妇哂曰："君读书人，岂不忆逾东家墙乎？"生果梯而上，忽转念曰："人可瞒，天不可瞒，"遂下。妇怪生久不至，赴于故处婉招。生复为其所惑，重梯而上，已骑墙，欲过矣，又自忖曰："天终不可瞒。"急下，扃其门而出。次年，生乡试北上，典试者于进场之夕，秉烛独坐，忽闻耳畔言曰："状元乃骑墙人也。"及状元进谒，询之，始悉前事。

【译文】嘉靖年间，某书生东边邻居家有一妇人极其美艳，经常向他暗送秋波，某天趁着丈夫外出，在墙上挖了一个洞招书生过来。书生也心动了，问她："怎么过去？"妇人笑道："你是读书人，难道翻墙过来都不会吗？"书生果然搬梯子爬上去，忽然转念一想："可以瞒的住人，是瞒不住老天爷的。"于是便下了梯子。妇人奇怪书生久久不来，便到原地温柔的招呼他来，书生又被她迷惑住了，重新爬梯子上去，已经骑着墙要翻过去了，又自己忖度："上天终究是瞒不过的。"急忙下了梯子，锁了大门出去了。第二年，书生乡试后北赴京都参加科举，主考官在进考场前一天晚上点着蜡烛，独自坐着，突然听闻耳边声音说："新科状元是骑墙的人。"等状元进府拜谒，询问他，才了解之前的事情。

洪焘，一日暴卒，见绿衣人引至阴府。洪以功名问，绿衣人于袖中出册示之，见已名下注云："合参知政事，以某年月日奸室女某，降秘阁修撰，转运副使。"洪悚然泪下，曰："奈何。"绿衣人曰："但力行善事，犹或可挽。"既苏醒，遂勇于为善，后官端明殿学士，享上寿。

【译文】 洪焘，某一天忽然猝死。魂魄见有绿衣人将自己引到阴间地府，洪焘向绿衣人问一生的功名如何，绿衣人在袖中拿出册子给他看，见到自己名字下面注着："本来应该做参知政事，因为某年某月某日奸污了处女某人，降职为秘阁修撰，转运副使。"洪焘害怕的流下泪来，问："该怎么办？"绿衣人说："只要勉力多做好事，或许能够挽回。"洪焘苏醒以后，因而勇于行善，后来官至端明殿学士，享受了高龄。

项德棻，梦已中辛卯乡科，以污两少婢，被主科名神削去，遂誓戒邪淫，力行善事。后梦至一所，见黄榜，第八名为项姓，中一字模糊，下为"原"字，旁一人曰："此汝天榜名次也。"因易名梦原。壬子中，顺天二十九名，己未会试，中第三名，殿试二甲五名，合鼎甲之数，恰是八数。

【译文】 项德棻梦见自己中了辛卯年的乡试科，只因曾奸污了两个小婢女，被主管科名的神除去名字，因此发誓戒除淫心，竭力做好事。后来梦到一个地方，看见黄色的榜文，第八名姓项，中间一个字模糊，下面是"原"字，旁边一个人说："这是你殿试高中的名次啊！"因此便改了名字叫项梦原。壬子年间，顺天府乡试排名第二十九，己未参加会试，考了第三名，殿试排在二甲第五名，将头甲三名状元、榜眼、探花，一起算的话，正是第八名。

石门徐旷、钟朗，同学友善。顺治辛卯元夕，徐梦至一山顶文昌阁，阁中三神座，东西者绿袍，中座者冕旒蟒王。视之，乃帝君也，手执银管，凭几点册，旁一朱衣人传唱，唱"第一名钟朗。"帝君色怒，取笔钩之，曰："钟朗有恶孽，应削其籍。"朱衣人禀云："事非其罪。"帝君曰："且视其将来心行。"呼徐至座前，谓之曰："尔一生淳谨无过，故擢尔今科第十九名。尔须益加勉励，无似钟朗也。"是秋徐果中十九名，钟不中。徐以梦告钟，钟云："曾私一婢有胎，为妇鞭挞，致殒命。"因往文昌祠，叩头作疏，愿力行善事，后仍领乡荐，己亥登第。

【译文】石门人徐旷和钟朗是同窗好友，顺治辛卯年除夕，徐旷梦中到一座山的文昌阁，阁中有三座神像，东西两边都是绿色袍子，中间座位的是带着冕旒、身穿蟒袍的王，仔细一看，原来是文昌帝君，正手持银质笔，靠着几案在批点簿册，旁边一个身着朱色衣服的人传声唱名，唱道："第一名钟朗。"帝君很愤怒，取来笔把钟朗名字勾去，说："钟朗犯有罪恶，应当削除他的禄籍。"朱衣人回禀说："那事也不是他的罪过。"帝君说："姑且看他将来的良心和行为如何再做定夺。"将徐旷叫到跟前，对他说："你一生忠厚纯良，没犯过错，所以才提拔你为这一科的第十九名。你一定要更加砥砺品行，不要像钟朗一样。"当年秋天，徐旷果然考中第十九名，钟朗却落了第。徐旷将梦中所见告诉钟朗，钟朗回忆说："曾经奸污了的一个婢女，致有身孕，后来被我妻子毒打致死。"钟朗因此到文昌庙里磕头向帝君上报，愿意勉力多行善事，后来还被乡荐，己亥年高中。

进士曹穉韬，为诸生时，与邻妇私，其夫知而欲杀之。诡语妇曰："我明日远出，数日才归。"妇闻而喜，以为真也，密约穉韬往。是日适逢会课，清晨，友人来拉穉韬，穉韬辞焉。友知其故，强其到会文所。友谓主人曰："今日作文，要照大场式，夜宴必尽醉，不如约者有罚。"并令主人封锁门户，诸生不得擅出入。穉韬大窘，不得已，草率完篇，欲先归。诸友哗曰："有前约在，归何急也。"及夜饮，穉韬有心事，留量不尽，诸友故苛罚之，遂大醉。共送之归，已不能赴约矣。邻妇侯穉韬，久倚门而望，有无赖子，知妇素行，见其倚望，必有约不来也。遂挑之，妇亦不拒，其夫潜伏窥见，持斧杀之，并杀己妻。次日穉韬闻其事，遂要诸友为证，盟诸神明，誓为善补过，断不复行邪径。后数年，成进士。

【译文】进士曹穉韬还是秀才的时候，跟邻家的妇人私通，妇人丈夫知晓后想将奸夫淫妇一并杀却，因此对妻子诡称说："我明天将要远行，几天后才能回来。"妇人听说后非常高兴，以为是真事，便秘密跟曹穉韬约定到自己家幽会。当天正赶上秀才们聚会练笔，大清早友人就来催促曹穉韬，曹穉韬推辞不去。友人知道其中缘故，强行把他拉到聚会作文的地方。友人对主人说："今天作文章，要按照正式科考的模式，晚上宴席一定不醉不归，凡是不遵守约定的要处罚。"并且让主人封锁门窗，秀才们都不许擅自出入。曹穉韬非常窘困，没办法，草草完成了文章，想要先回去了。在座友人嘲笑说："既然之前有约定，回去晚一点怕什么。"等到晚上开宴喝酒，曹穉韬心里有事，便不尽着量喝，友人们故意对他重罚，因此喝的酩酊大醉。友人一起将他送回家，已经没法赶赴妇人幽会了。邻家妇人等着曹穉韬，靠着大门张望，等了很久，有个小混混，知道妇人素来的品行，见到她靠门张望，必定是有约会的人没来。因此挑逗她，妇人也不拒绝，丈夫在暗处偷窥看见，手持斧头将小混混一斧头砍死，并把妻子也一并杀了。第二天曹穉韬听闻这件事后，因而邀请各位友人一起作证，向神明发誓，要多行善事，将功补过，决不会再做以前那样邪淫的事。后几年，考中了进士。

北直贾仁,梦至神庙,神谕曰:"奸人妻者,得绝嗣报,奸人室女者,得子孙淫泆报。汝曾奸人妻,应绝嗣。"仁叩首曰:"仁愚不知,今后誓改过戒淫,以求得子。"神曰:"必须更劝人不淫,方许得子。"仁醒,述梦中语以劝世,后果得一子。【以上悔过迁善之报。】

【译文】北直隶人贾仁,梦到去了一个神庙,神人告谕他:"奸污别人妻子的,会得到断子绝孙的报应;奸污别人未嫁女的,会得到子孙放纵淫荡的报应。你曾经奸污别人的妻子,应当断绝子嗣。"贾仁叩头哀求:"贾仁愚昧无知,从今以后发誓要改过自新,不再犯淫戒,希望能获得子嗣。"神人说:"一定要再劝别人不纵淫心,才允许你得到儿子。"贾仁醒后将梦中的话讲述给别人听,用以劝诫世人,后来果真生了一儿子。【以上都是悔过迁善的果报。】

武进张玮,应试南京,寓主有丽妾,遣婢通意,张不可,急徙他寓。同寓一友窃知之,遂与之通。场前五日,张梦各府城隍召土地议曰:"榜首已注某人,近因犯淫革去,奉勅别择有阴德者,期已迫矣,若何?"旁一神曰:"何不即以张玮?"申奏,众神称善。榜发,张果解元,后成进士,官至终宪。同寓友终身不第。

【译文】武进人张玮在南京参加乡试,寄寓主人家有美丽的妾,派婢女向张玮款通情意,张玮拒绝了,连忙迁徙别的寓所去了。同寓所的一个友人偷偷知道这事,因此与那美妾私通。乡试前五天,张玮梦到各府的城隍庙召集土地神聚议说:"头名解元已经注名是某人,近来因为他犯了淫戒被除名,奉天帝命令再另选有阴德的人,时间已经很紧迫了,该怎么办?"旁边一个神人说:"为何不把这个名额给张玮?"于是奏报上去,各个神人都认为非常好。发榜一看,张玮果然高中解元,后来考中进士,官至终宪。同寓所的友人终身没考上。

陈组绶,天启辛酉乡试,寓邻楼有女,甚艾,屡属意陈,陈弗顾,同寓一友知之,潜登楼,陈于后制其衣,至再不听,卒与通。是夕,陈梦神语曰:"某今科解元是也,近因淫乱,已削之矣。子阴德可嘉,即以子代。"陈觉而告友,友弗信,榜发果然,此友终身不第。

【译文】陈组绶,天启辛酉年参加乡试,寓所邻家楼上有个女子非常可爱,多次对陈组绶顾盼留意,陈组绶并不理睬,同寓所的一个友人知道后,偷偷登楼,陈组绶在他后面拉住衣服,多次阻止,不肯听,最后还是与女子私通了。当天晚上,陈组绶梦到神人对自己说:"你那友人本是这一科的解元,近日因为淫乱,已经被除名了。

你的阴德值得嘉奖，便让你代替他做解元。"陈组绶醒后向友人说了这事，友人不相信，发榜一看，果然不假，友人终其一生也没有考中。

松江曹某，应试南都，寓中有妇奔之，曹趋出。行至中途，见灯火喝道，入古庙中。窃听之，乃唱新科榜名，至第六，吏禀云："此人有短行，已削去，应何人补？"神曰："曹某不淫寓妇，贞节可嘉，当补之。"及揭晓，果第六。

【译文】 松江人曹某，在南京参加会试，寓所里有个妇人向他求欢，曹某小步逃出。走到半道，看见灯烛开道，进入一座古庙里。曹某过去窃听，原来是在唱新科贡士的名字，到第六名，吏卒禀报说："这个人有恶劣品行，已经被除名，应当让谁替补呢？"神人说："曹某不与寓所妇人苟合，正直的品节值得嘉奖，应当让他替补。"等到发榜，果然排在第六名。

豫章高孝标、孝积兄弟二人，其母坐蓐时，骈肩而下，相貌举止如一，莫辨兄弟，甫弱冠，同入泮，学使者以府、县庠分兄弟，暨完娶，逾年，同月生子，再试，又同补饩。三十一岁，同赶省试，寓有少孀极丽，挑其兄，兄正色拒之。戒弟曰："我已坚拒，尔我貌同，若挑尔，慎勿为损德事。"弟佯诺，竟与妇通，妇不知其为弟也。及发榜，兄入彀，弟下第矣。复诳妇曰："我已中，待发甲后娶汝。"因以资斧为言，妇倾囊与之。及春，兄又登第，妇朝夕望娶，竟无音耗，郁郁成疾，阴以书贻，遂殂。书误入兄手，兄诘弟，弟俯首输情。次年，弟所举子暴殇，而兄子无恙。恸哭不已，双目顿盲，未几亦死。兄则享禄寿，多子孙，称全祉焉。【以上善恶转移之报。】

【译文】豫章人高孝标、高孝积二兄弟，他们母亲分娩时，两人肩靠肩一同生下，相貌举止一模一样，分不出兄弟，才成年，一同进入学校，学校将二人分在府学和县学以区别兄弟，等到两人都娶妻第二年，同一月生了儿子。两人又再次考试，同时做了廪膳生，拿公家的津贴。三十一岁时，两人同赴会试，寓所有个年轻寡妇极为美丽，挑逗为兄的高孝标，高孝标厉言的拒绝了她。告诫弟弟说："我已经坚决拒绝了她，你我二人相貌相同，如果挑逗你，记住千万别为了她做损害阴德的事情。"弟弟假装许诺，最终还是跟妇人私通了，妇人还不知道他是弟弟呢。等到发榜时，兄长考中，弟弟却落第了。弟弟又欺骗那妇人说："我已经高中，等到高中头甲后娶你。"因此向妇人索要盘缠，妇人将所有积蓄都给他。等到春天，哥哥又高中，妇人每天盼望着来娶自己，最终一点消息也没有，郁郁寡欢，酿成大病，暗地里寄书信给弟弟，便去世了。书信误送到哥哥手中，哥哥诘问弟弟，弟弟低头交代实情。第二年，弟弟所生的儿子突然夭折，而哥哥儿子平安无事。弟弟痛苦不已，两只眼突然瞎了，不久也死去了。哥哥也享受福禄高寿，子孙满堂，被称为完满的福祉。【以上都是善恶互相转移的报应。】

韩魏公琦，在政府时，以三十万钱，买姬张氏，有殊色，券成，张忽泣下。公问之，张曰："妾本供职郎郭守义妻，前岁官湖南，部使者诬劾败官。岁晚运蹇，恐尽室饿死，愿没身活儿女。"公悯之，遣张持钱还舍语守义："败官果非辜，可诉之朝。事白，汝却归我。"张忻然去。郭后得昭雪调任，张来如约，公不使至前，遣曰："吾位宰相，岂可娶士人妻？向者钱费应尽。"即取券焚之。仍助二十金，曰："速归，可善视儿女。"张泣拜而去。公阴德多类此。后封魏郡公，配享英庙。子五人，忠彦官至左仆射、驸马都尉；孙治，徽宗朝太仆少卿，曾孙资胄，大学士。昌炽无比。

【译文】韩琦在朝廷做官期间，用三十万钱买了一个姬妾张氏，有几分姿色。契约书写好后，张氏忽然流下泪来。韩琦问她缘故，张氏说："妾身本是供职郎郭守义的妻子，前年相公在湖南做官，本部使臣诬蔑弹劾我家相公，被罢了官。快到年关了，遭此不幸，生怕我们一家都饿死，所以愿意把自己卖给您，养活儿女们。"韩琦怜悯这个人，让张氏拿着钱还家对郭守义说："如果被罢官确有冤情，可以向朝廷申诉。事情大白天下后，你还归我所有。"张氏高兴的离去了。郭守义后来得以平反昭雪，被调任别地做官，张氏按照约定来到韩琦府上，韩琦不让她近前，并打发她说："我身为一朝宰相，怎么能娶士人的妻子？先前的钱应该用完了吧。"立即将买卖契约书烧掉。仍然补助她二十两银子，说："快快回家，要好生照看儿女。"张氏流着泪拜谢离去。韩琦的阴德之事大略像这样。后来被封为魏郡公，配享英宗庙。生了五个儿子，韩忠彦官至左仆射、驸马都尉；孙子韩治，在宋徽宗朝任太仆少卿，曾孙韩资胄身为大学士。韩氏子孙昌盛显达，无与伦比。

吕献可，家有美婢，年方及笄，光艳照人。客见之，曰："如此丽色，公不动念耶？"献可正色曰："彼独非人子乎？而敢轻犯之，败人终身，造孽极大，不仁之事，吾不为也。"或曰："公未尝置妾，留此一使，未为大过。"答曰："以婢作妾，家无规矩，不智之事，吾不为也。"为择配嫁之，公后为宰辅。

【译文】 吕献可家里有美丽的婢女，十五岁，就出落的光艳照人。客人见到后对吕献可说："这么美丽的女子，您都不动心吗？"吕献可一脸严肃的说："她难道不是人家的孩子吗？我若轻易玷污了她，毁坏她的一生，是多么造孽，这么不仁道的事情我不做！"有人说："您并没纳过妾，留下她使唤，也不算什么大错。"吕献可回说:"将奴婢升为妾,家族里从无这等规矩,不明智的事,我是不会做的。"于是为那婢女选了人家嫁出去了,吕献可后来位至宰相。

王肃忠公锡爵,对门一女,甚艾。公送客出,适女亦立门外。公与客谈笑良久,仆疑公属意此女,入告夫人。夫人即纳为妾,公大骇,谓夫人曰:"我并无此意。"遂呼其父母还之。公一生不蓄婢妾,晚年命女子暖足,及嫁之日,仍是处子。至今子孙鼎盛。

【译文】肃忠公王锡爵,对门家有一女子,极其美丽。王公送客人出门时,正值女子也在门外站着。王公跟客人谈笑了很久,仆人疑心主人对这个女子有意思,便到内室报告了夫人。夫人立即将对门女子纳为妾,王公知道了非常吃惊,对夫人说:"我并没有这个意思",因此叫女子父母接她回去。王公一生不养奴婢和姬妾,晚年让女孩子帮她暖脚,等这女孩子出嫁时还是处女。所以王锡爵至今子孙仍然极其繁盛。

云门钱伯全,名进士也。尝买一小鬟,丰姿秀雅,殊可人意。室氏劝伯全私之,答曰:"我之所以置此者,欲以侍巾栉耳,岂有他哉?汝乃欲败我德也。"即具赀嫁之。后官至巡抚,

福寿无比。【以上不蓄姬侍之报。】

【译文】云门人钱伯全是当地著名的进士,曾经买了一个小丫鬟,容颜秀美,举止端雅,特别可爱。钱伯全夫人劝丈夫跟她行房,伯全回说:"我之所以买这个丫鬟来,是想服侍我洗脸梳头的罢了,难道有别的目的吗?你竟然想败坏我的德行。"于是立即命人给丫鬟准备嫁妆把她嫁人了。后来官至巡抚,福寿双全,无与伦比。【以上都是不养姬妾侍女的报应。】

宣淫恶报

陆仲锡,年十七,有异才,随师邱景春居京,对门一女颇艳,屡窃心动。师曰:"都城隍最灵,盍一祷可谐否。"遂祷之。是夕梦与师俱为城隍所追,大加诃责。命查禄位,吏持簿上,陆名下注甲戌状元,邱无有。曰:"陆某当奏闻上帝,削其禄籍,令贫贱。邱某抽肠。"梦醒,而邱师已绞肠死,陆终身贫贱如神言。

【译文】陆仲锡年十七岁,有特殊才华,跟随师父邱景春到京城居住,对门一个女子颇为美艳,陆仲锡屡次偷偷心动。师父说:"都城隍最灵验,何不去祈祷下看能不能谐成好事。"因此陆仲锡便去祈祷。当晚梦见自己与师傅都被城隍神追奔,被大声责骂。城隍神让手下查他二人的爵禄等级,吏人手持簿册上来,上面陆仲锡名下注着"甲戌年状元",邱没有任何禄位。城隍神说:"陆某我会向上帝禀报,削除他的禄籍,让他贫苦低贱。让邱某肠子绞死。"梦醒后，师傅邱景春已经肠子绞在一起而死了。陆仲锡也终其一生一贫如洗，微贱潦倒，跟神人说的一模一样。

张安国，有才无行，淫其邻女，致女箠死。后应乡试，主司奇其文，欲抡元。忽闻空中叱曰："岂有淫人害人之人，而作榜首者耶？"主司忽仆于地，及更，起视其卷，已粉碎矣。发榜后，呼安国告焉，惭愤而卒。

【译文】张安国，有才华，没德行，曾经奸污邻家女孩，致使女孩被鞭打致死，后参加乡试。主考官对他的文章极为欣赏，想让他做解元，突然听到半空中有人叱骂声说道："哪有奸淫人家女子，害人致死的人还能做解元的道理？"主考官登时扑倒在地，等到夜里醒来时，爬起看张安国的试卷，已经化为粉末了。发榜以后主考官将张安国叫过来，对他说了这事，张安国最后惭愧愤恨而死。

吴地某公子，欲奸一寡妇，与所契友谋之，友即授之计，约某日往。届期，其父梦绯衣神告曰："子当登科甲，因坏心术，悉削除矣。某友命本贫贱，复为人谋不善，应寸斩其肠。"父惊觉，即至书馆，果闻此友哀呼，肝痛而绝。子渐渐发狂，披发行市，卒不能救。

【译文】江苏地界某家的公子想强奸一名寡妇，跟要好的朋友商量计策，朋友便传授他计策，约定某一天到寡妇家去。到了约定日子，公子的父亲梦见穿红衣的神人告诉他说："你儿子本应当高中进士，只因心术极坏，已经全部被除名了。他那朋友本来就薄命微贱，又帮人谋划邪恶的事情，应当让他肠子寸寸断裂。"公子父亲醒后，立即赶赴书院，果然听见那朋友悲哀呼救，肝肠疼痛难奈而死去。他儿子也渐渐发了疯，披散着头发在街市奔跑，始终没有治愈。

贵溪某生，雅善天师张真人，屡试辄困，丐真人拜表查天榜。神曰："此人分当科名，以盗婶，故夺。"起语某生，生曰："无有。"遂申牒自辨。神复批"虽无其事，定有其心"八字，生愧悔莫及。盖少时见其婶殊色，偶动一念故也。

【译文】贵溪某书生，平素跟天师张真人关系很好，多次应试，总是不得志，乞求张真人上表给天地查阅天榜。神人说："这个人命分里要高中进士，因为私通婶子，所以被除名了。"张真人起身对书生说了神谕，书生说："绝无此事。"于是又上表向天帝申诉自辨。神人又批示："即使没有这件事，必然有这心思。"，书生追悔莫及。因为他少年时见自己婶子容颜美丽，偶尔动了一次歪念而已。

吴门王某,除夕梦迎天榜,已中六十七名,觉而喜甚。是夕金陵寓主陈姓,梦亦如是。诸来寓者皆不纳,及王至,道姓名相符,告以梦,厚待之。王益自信必售,及发榜无名。愤祷于城隍庙,夜梦神厉声叱曰:"汝经申勘,已入榜中。奈汝竟奸母姨,故夺汝籍。"梦中泣辨:"某并无姨,安得有奸?"复叱曰:"曾宿娼否?"王谓:"宿娼事真,今何云姨?"神曰:"查是娼乃系汝之再表母姨也。虽出不知,然淫为首恶,可差误耶?汝功名远大,今尽削矣。"王警悟,悔恨而死。

【译文】苏州人王某,除夕梦到发皇榜,自己排名第六十七,醒后欣喜非常。当晚金陵的某陈姓寓所主人也梦到一样的事。凡来借寓的全部不接纳,等到王某到后,说姓名跟梦中符合,便把梦中事告诉王某,并好好款待了他。王某越发自信定能高中,等到发榜时并无自己姓名。愤愤不平的跑到城隍庙祈祷,夜里梦见神人严厉的叱责他说:"你经过反复考察,已经名列榜中,奈何你竟然奸污了你的姨母,所以将你的禄籍夺去。"王某在梦中哭着辩解说:"自己并没有什么姨母,怎么会有奸污的事情?"神人又叱责说:"你曾经睡过娼女吗?"王某说:"嫖娼确实有这事,如今怎么说是姨母?"神人说:"经查证这个娼女是你的再表姨母,虽然你并不知道,可是淫乱是万恶之首,难道有差错吗?你本来前程远大,如今啊全部削除咯!"王某醒悟后,悔恨而死。

吴淞顾生，积学工文，其鼻稍偏，梦人谓曰："吾为汝拨正，可登一榜。"及旦视之，鼻果正矣。后偕诸同学应试，一日群出游山，顾以微屙弗行，主家妇闻客尽出，随步客房，顾自帐中起，搂抱淫污。是夕即梦前人谓曰："汝作损德事，不登贤书矣。"因拨其鼻。览镜自照，仍不正，后竟蹭蹬终身。

【译文】吴淞人顾某，博学善做文章，鼻子稍微有点歪，梦见神人说："我帮你拨正鼻子，将会金榜题名。"等到第二天早上一看，鼻子果然端正了。后来随同同学一起参加考试，某天大家结伴去游山，顾某因为身体小有不适，便不去，主人妻子听说客人都出去了，信步客房之中，顾某从床帐上跳起抱住女子实施了奸污。当晚便梦到之前的神人对自己说："你干了缺德事，不会上榜了。"因而将他鼻子又拨歪了。书生照镜子一看，鼻子还是歪的，后来果然一生坎坷不得志。

上元谭生，有一美婢，宠爱异常，其妻不容，乘生远出，鬻于娼家。婢怨恨自缢。康熙戊子，乡试入场，见婢立号房前，生即昏愦，执笔乱抹，卷无一字。贴出，终身不售。

【译文】上元谭生，有一名美丽的婢女，对她非常宠爱，妻子不能容忍，乘着谭生外出，把婢女卖给了妓院，奴婢怨恨的上吊自杀了。康熙戊子年间，谭生参加乡试，进入会场，看见奴婢站在号房前面，谭生立即昏头发疯，用笔乱涂乱画，试卷被涂得一个字认不出。被赶出考场，终身没获得一点功名。

宦裔涂生，有才名，见邻女美，诱其妻，召使刺绣。生匿榻后，令妻出视庖，强奸之，自是女不复来。久之，事闻于人。女之父，故儒家子也，耻与讦讼，逼女自尽。生入试，辄见其女披血衣来，扼吭，即昏愦，祷之不去，终身不第，后死于兵。【以上削除科名之报。】

【译文】官宦子弟涂生有才子的名声，看见邻家女孩貌美，便诱使妻子招女孩到自己家来刺绣。涂生藏匿在床后面，让妻子出去厨房烧饭，便把女孩强奸了，从此后女孩便不再来了。过了很久，这事被人知道了。女孩的父亲是读书人，认为跟他打官司是件可耻的事，便逼着女儿自尽而死。涂生进入考场，总能看见那女孩披着血衣前来，掐住他的脖子，涂生立刻就发了疯，请法师祈祷也不能让女孩魂魄离开。一生也没考上，后来死于兵乱。【以上都是被削除科名的报应。】

滁阳王勤政，与邻妇通好，有偕奔之约，虑其夫追及，未果。妇用计死其夫，政闻大骇，独身逃至江山县，相距七十里，自谓已远，可脱祸。因饥入旅店，店主供二人食。政问其故，店主曰："顷有披发人随汝入，非二人乎？"政惊，知冤鬼相随，至官自首，男妇伏法。

【译文】滁阳人王勤政跟邻家妇人通奸，有一起私奔的约定，只因担心被其丈夫追到，就没成。妇人用计策毒死了丈夫，王勤政听说后极为害怕，只身一人逃到江山县，离滁阳有七十里了，自认为已经逃出很远，可以免去灾祸了。因为饿了便进入旅店，店主人给他提供了两人份的食物。王勤政问其中缘故，店主人说："刚才有个披头散发的人跟你一起进来，难道不是两人？"王勤政惊觉，知道有冤鬼跟随着他，便到官家自首，王勤政跟那妇人都伏了法。

黄州方秀才，妾某氏，逃出城外，有陈胡子者，涂靓而引归，私之。数月，妻不能容，转送妇于易氏家，易又私之。易佃僧人昌宪田，宪徒往征租，瞥见之，以闻其师，师惧贻累。召易诘妇所从来，易无辞，呼陈商之，陈遂与易引妇入深山，索绚绞死，以尸藏石洞内，垒大石于门。数日后，易以宅事过洞前，见石移而尸在洞外，大惊异，掘坑埋之，压以大石。又数日，尸复出，麻索尚在项。有采葛人见之，报于寺僧，僧大恐，解其索，又掘深坑埋之。次日，尸又带索，仍在前处。征租僧偶忆此易氏妇也，召易诘之，易无辞。僧致之县，县令鞫得其情，摄方生至，其尸见夫，七窍流血，易与陈同抵死。

【译文】黄州方秀才的姬妾某氏，逃到城外去了，有一个叫陈胡子的人在路上遇到她，将其引到家中发生了关系。几个月后，陈胡子老婆不能容忍她，便辗转送到姓易的人家，易氏又跟她私通。易氏租僧人昌宪的田耕地，昌宪的徒弟到易氏家索要地租，偷窥到两人的丑事，回来告诉了师傅，师傅害怕遭到连累，便将易氏招来，询问妇人的来历，易氏无言以对，叫来陈胡子跟他商量计策，因而陈胡子和易氏将妇人引到深山，拿绳索将其绞死，把尸首藏入石洞中，堆了大石头在洞门。几天以后，易氏因家里事从洞口前经过，看见石头像被移动了，尸首在洞门之外，非常吃惊，立即刨坑将尸首埋了，压上大石头。又过了几天，尸首又在外面，绞死她的麻绳还在脖子上。有个采葛的人看见了，报告给寺里和尚，和尚非常害怕，解开了妇人脖子上绳索，又挖深坑将其埋葬。第二天，尸首又挂着绳索，仍在之前地方。索地租的僧人偶然想起这女人是易氏的女人，便将他招来诘问，易无言以对。和尚将他绑到县衙，县令审问出实情，让人把方秀才带过来，那可怜的妇人尸首看到丈夫来了，全身七窍流出血来，易氏和陈胡子都判死罪。

铅山一人，悦邻妇，挑之不从，值其夫寝疾，天大雷雨，乃着花衣为两翼，跳入邻家，以铁椎椎杀其夫，仍跳出。妇以其夫真遭雷击也。服除，其人遣媒求娶妇，因改适，伉俪甚笃。一日妇检箱箧，得花衣为两翼者，怪其异制。其人笑曰："当年若非此衣，安得汝为妻？"因叙事始末，妇亦佯笑，俟其人出，抱衣诉官，论绞。

【译文】 铅山一个人爱慕邻家的妇人，挑逗她却没结果。便趁他丈夫卧病在床时，正好天上打雷，下着大雨，于是穿着彩色衣服，衣服两侧还有两只翅膀，跳到邻居家，用铁锤砸死了妇人的丈夫，仍然跳着出去了。妇人以为丈夫真是遭到雷公雷击的报应。守灵结束，脱下丧服。那人派媒人向妇人说媒，妇人因此改嫁给了那人，夫妻关系非常好。某一天，妇人检查箱子旧物，找出一件有翅膀的彩色衣服，对其奇异的形制表示奇怪。那人笑说："当年如果不是靠这件衣服，我怎么能得到你做我的妻子呢？"因而将事情始末叙述了一遍，妇人也假装笑，等那人出门，抱着那衣服就去报了官。判决结果是那人被绞死。

荆溪有二人，髫年相善，壮而一丰一窭。窭子仅解书数，其妻美艳。丰子乃设谋，谓："有富家需主计人，可往投之"。窭者感谢，丰子具舟，并载其妻以行。将抵山，曰："留汝妻守舟，吾与汝可先往询之。"窭者从之，偕上山。丰子宛转引入溪林极寂处，取出腰钱砍之，佯哭下山。谓其妻曰："汝夫死于虎矣。"妇大哭，丰子曰："吾试同往见之。"偕妇上山，又宛转溪林，至极寂处，拥而求淫。忽虎出丛林间，啗丰子去。妇惊走，以夫果落虎口也。哭还，遥望山中一人哭来，骇以为鬼也。至则其夫，相持大哭。各道其故，转悲为喜，归于里中。

【译文】荆溪有两个人，童年时就要好，长大后，一个殷实，一个贫苦。贫苦那个只懂得写字和算数，但妻子美丽异常。殷实那人因而设计阴谋，对贫苦那人说："有个富人家需要个管账先生，你可以投靠他去。"贫苦那人连声感谢。殷实那人为他租赁了船只，将他妻子一起带着，三人同行。将到山下时对贫苦人说："把你妻子留在船上，我和你先去拜访那人。"贫苦人答应了，和他一同上山。殷实人将他曲曲折折的引到溪水深林极其幽寂无人的地方，取出腰刀砍了贫苦人，还假哭着下山去了。对贫苦人的妻子说："你的丈夫被老虎咬死了！"妇人也大哭，殷实人说："我带你去瞧瞧情况。"他便带着妇人一起上山，又曲曲折折经过溪水深林，到了极其隐蔽幽寂的地方，抱住妇人要奸污时，忽然一只老虎跳出丛林，把殷实人给叼走了。妇人被惊吓的跑走，以为自己丈夫真是落入虎口，哭着回去。远望见山里有人哭着跑来，怕得以为是鬼魂。近处一看，原来是丈夫，两人抱头痛哭。并各自述说经过，化悲为喜，回乡去了。

晋江兆馨，戊午孝廉也。往福宁州谒房师，偶过尼菴，悦一少尼，挑之不从，遂以势胁，强污焉。次日尼师告官，革去前程，依强奸律论斩。【以上显受阳殛之报。】

【译文】晋人江兆馨，是戊午年举的孝廉。去往福宁州访问主考官老师时，偶然经过尼姑庵，喜欢一个妙龄小尼，挑逗她却不顺从，因而又威势胁迫，将其奸污。第二天，小尼姑的师傅向官府报案，江孝廉被除去了功名，而且根据奸污法处斩。【以上光天化日之下做坏事受阳间的报应。】

宿松杨兼哥，有名庠中，奉关帝极虔诚，梦帝赐以方印，杨自谓必中。一日于楼上淫良家妇，是夜即梦帝向彼索印。杨云："既授我，又何索焉？"帝曰："不止索印，且索汝命。"一月之后，父子俱亡。

【译文】宿松人杨兼哥，在学校中很有名，供奉关老爷极其虔诚，曾梦见关老爷赐给他一方官印，杨某认为自己肯定能高中。某一天在别家楼上奸淫了良家妇人，当晚便梦到关老爷向他索回大印。杨某说："既然授予我，为什么又讨回？"关老爷说："不仅向你索取大印，还要索取你的性命！"一个月以后，父子二人双双去世。

张宝知成都，闻华阳尉李某妻极美，宝欲私之。因上元士女出游，微服窥之，果然。乃遍托尼姑、乳媪等谕意。久之，妻亦有心，而李适以赃败，宝因奏劾推勘，窜岭外，死于路。宝厚赂尉母，娶之，妻亦乐从。无何，妻病，恍惚见李，未几卒。宝亦得病，梦妻告曰："妾感公恩，不敢不报，尉已上诉于天，旦夕取公，公不下堂，彼无能为。"一日暮，坐见庭前竹间一红袖招之，遂下堂趋至，乃尉也，忽踣地，中鼻流血死。

【译文】张宝做成都知州时，听闻华阳县尉李某的妻子很漂亮，很想轻薄于她。趁着元宵节，士人家的女子都出门逛庙会，张宝穿了一身普通人衣服偷偷看，果然其妻子很美。于是到处请托尼姑和保姆等人去对其妻子表明心意。过了很久，其妻子也动心了，正碰巧李某因为贪赃枉法被罢官，张宝因而上奏弹劾了他一本，李某被审问后放逐到岭南去了，在半道上死去。张宝给了李某母亲很多财宝，将妇人娶回家，妇人也乐意跟他。没过几天，妻子生病，恍惚之间看见了李某，不久便去世了。张宝也染上病，梦中妻子告诉他："妾身感念您的恩德，不敢不把事情相告，李某已经向天帝控诉了冤情，早晚要来索取您的性命，您只要不走出公堂，他也无计可施。"某一天傍晚，张宝坐在堂上，看见庭院前竹边有一名妙龄女子招呼他，竟忘情的走出公堂跑到女子那里，一看竟是李某的魂魄，张宝登时倒地，鼻中流血而死。

康熙四十二年,山左大饥,人相食。崇明人刘大,贩米至彼处,既获大利,复诱妇之美者淫之,每次与米一升,处女升半。计刘大在山左半年,其所淫者,约四五十人。及归家,见一胡须人立于门外,手执官牌,上写"立拿斩犯刘大",忽不见。自是即得项肿之病,数日,头落而死。

【译文】康熙四十二年,山东大饥荒,到了人吃人的程度。崇明人刘大到山东卖米,既发了一笔大财,又引诱美丽的女子奸淫,每次完事后给一升米,处女给一升半。半年内,总计刘大在山东奸淫的女子约有四五十人之多。等刘大回家时,看见一个蓄胡须的人站在门外面,手上拿着官牌,上面写着:"立刻捉拿斩刑犯刘大",忽然那人消失不见。从此以后刘大就得了脖子肿大的病,不出几天,头颅断掉而死去。

玉山王生,母死纳妇,约七终完婚。生宿柩傍,将妇别居。夜闻叩门声,婢以告,妇欲纳之,婢解其意,即放入同寝。五鼓告去,曰:"恐外人知,罪我不孝也。"阅三夕,复来,问嫁资几何,曰:"金簪珥若干,准衣有若干,皆在小箱内。"此人遂携箱去,后夜更不复来。迨七终,生置酒与妇成礼,妇问前事,生言不知。妇知为贼所卖,哭泣誓不复生。归告父母曰:"财物事小,吾身为贼所污,何颜自立?"遂缢死。会葬,此人亦来引棺，至墓，方掩土，雷电奔驰，震死此人，跪于棺前，乃生之堂兄也。

【译文】玉山人王生，母亲死后，娶了一个妇人，约定斋期过后完婚。王生在母亲灵柩旁睡着，让妻子到别屋居住。妇人半夜听见敲门声，婢女来报告，妇人想接纳他，奴婢懂得其中意思，便让男子进来跟妇人同寝。五更十分，男子便要离去，说："是怕外人知道了，怪罪我不孝。"过了三晚，男子又像前一次来了，并向妇人询问嫁妆有多少，妇人回答说："金簪金耳环多少多少，准衣多少多少，都放在小箱子里"。男子便抱着箱子离开了，后天夜里也不再来。等斋期过了，王生办酒席跟妇人完成婚礼，妇人询问嫁妆的事情，王生一脸困惑，说自己什么都不知道。妇人知道是被坏人骗去卖了，哭着发誓要去死。回娘家告诉父母："财物还是小事，我的身子被贼人玷污，哪里有面目活在世上？"因此自缢而死。等到埋葬妇人那天，那个男子也来送殡，到墓穴边，正在扒土掩埋时，天上忽然闪下一道雷电，将那男子劈死，跪倒在棺材前面，这个男子便是王生的堂哥。

宜兴染坊孀妇陈氏，有姿容，木商洪敬见而悦之，诱饵百端，终不可犯。夜将数木掷其家，明日以盗闻于官，又贿胥吏击累窘辱，以冀其从。妇家虔祀立坛，焚香恸诉，夜梦神曰："已

命黑虎矣。"未几，商入山贩木，丛柯中突出黑虎，啮商死。【以上阴受冥诛之报。】

【译文】宜兴的染布作坊一个寡妇陈氏，长得很漂亮，木材商人洪敬见到后非常爱慕，向他百般诱惑，最终也不能搞到手。洪敬在夜里将几块好木材扔到妇人家，第二天向官府报案说妇人盗取自己木材，又贿赂吏卒对妇人进行各种侮辱，希望她能顺从。妇人家里虔诚祈祷，建了神坛，焚香痛哭，对神灵控诉，夜里梦见神人说："别担心，已经派黑老虎对付他了。"不久，商人进山里倒卖木材，草丛里突然窜出一只大黑虎，将他咬死了。【以上都是暗地做缺德事遭受报应的故事。】

杭人郑和性淫，娶妾甚美，遂远其妻，妻郁郁病死，竟不一顾，和年三十九亦死。同邑有女沈翠英赴阴，见和在转轮司，身无寸衣，受刀杖苦，牌上写"郑和平生多淫，嫌妻爱妾。受罪满时，往徽州陆家，托生作母猪"。

【译文】杭州人郑和淫心极重，娶了一个非常美丽的小妾，因而疏远了妻子，妻子郁郁寡欢，生病而死，竟然一点也不顾惜。郑和三十九岁时也死去。同城有个女子沈翠英梦到阴曹地府，看见郑和在转轮司，身上没有半点衣服遮盖，正遭受刀剑棍棒的惩罚,牌子上写着:"郑和平生淫滥无数,嫌弃妻子,专宠小妾。受罪结束以后到徽州一陆家,转世做母猪。"

昔有某生,嬖一小鬟,顷刻不离。其母忧之,遣令出门,郁郁成疾。舟次济宁,婢忽来云:"乘夜逃出,愿相承受耳。"如是月余,枯瘠而死,婢亦不见。仆扶丧归,备道其事。家人佥云:"此婢未尝离主母,济宁所遇,盖狐精也。"淫心一动,邪祟即来,可畏哉!

【译文】曾经有个书生,宠爱一个小丫鬟,顷刻不离左右,书生母亲好生忧虑,便将儿子赶出门去游学。书生郁郁寡欢,生了一场病。后来乘船经过济宁,忽然看见丫鬟跑来对他说:"连夜逃出了来,希望跟您长相厮守。"两人在一起过了一个多月,书生枯瘦如柴,精血消亡而死,小丫鬟也消失不见。仆人扶着主人的棺木回家,完整叙述了这件事,家人异口同声的说:"这小丫头压根就没离开过老太太,你们在济宁碰到的是狐狸精!"淫心一动,邪魔随即招来,真是可怕啊!

嘉禾太学生元崇,有仆曰钱大,娶妻甚美。元崇令入宅服役,遂私之,钱大隐憾。一日饮醉,与妻反目,元崇呵叱,钱大举斧砍之,并砍其妻。

【译文】嘉禾的太学生元崇，有仆人叫钱大，娶了个美丽的妻子。元崇让他妻子到府中服侍自己，因此跟她通奸了。钱大心中暗暗愤恨。某一天钱大喝醉了，跟妻子翻脸吵起来，元崇对钱大大加呵斥，钱大举起斧头砍死了主人，妻子也被砍死。

虞山刘喜，与仆妇私，事毕，夜深熟睡，灯火延烧床帐，仆妇起扑火，火愈炽，趋出呼救。刘喜惊醒，疑人之捉奸也，反走入床后，不能出，遂烧死。

【译文】虞山人刘喜，跟仆人的妻子私通，完事后，夜深沉沉睡去，灯火将床帐点着，仆人妻子起身救火，火越烧越旺，便跑出去喊救火。刘喜被惊醒了，疑惑是有人捉奸，反而跑到床后面躲着，火势渐大他出不去，遂被烧死。

一富人与仆妇奸宿，其夫持刀而入，富人惊惧丧胆，其阳缩入小腹，不治而死。

【译文】一个富人跟仆人妻子通奸，丈夫拿着刀进来，富人吓破了胆，阴部竟缩进了小肚子，最终因无法治疗死去。

明末时某生，嬖一俊童，童潜通其妻。值鼎革避难，携资而

逃，不知所之。生遍求不得，惭愤而死。【以上婢仆宣淫之报。】

【译文】明代末年，某书生宠爱一个俊美的男童，男童偷偷跟妻子私通。当时正值改朝换代之际，人们都在四处避难，俊美男童跟妻子携带书生的家财潜逃，不知所踪。书生多方寻求不到，羞愤而死。【以上都是奴婢仆人公然淫乱的报应。】

僧行蕴，见佛前莲花，忽动淫想。是夕有妇叩门，蕴启视，见一少女，携一婢，自称莲花娘子，容光照人。蕴喜极，与绸缪。俄尔烛灭，侍者窃听，闻蕴叫苦，女子厉声曰："尔离家披剃，何起妄念？假令我真女人，岂肯与尔为妇乎？"侍者驰告寺众，排闼直入，女子变为夜叉，蕴身首异处矣。

【译文】有个和尚法名行蕴，看到佛像前的莲花，忽然生出了淫念。当晚便有个妇人敲门，行蕴开门一看，只见一个妙龄女子带着一个丫鬟，自称"莲花娘子"，容颜美丽，光彩照人。行蕴非常高兴，跟那女子颠鸾倒凤。不一会，蜡烛熄灭了，侍者在窗上偷听，听到行蕴在叫苦。女子厉声说道："你是离开家门到庙里剃发修行，因何生起邪念？假如我是真正的女人，怎么肯给你做情妇？"侍者急忙跑去告诉寺里众人，大家一起破门而入，只见那女子变成了夜叉，而行蕴已经头被砍下来了。

某寺僧性最淫，寺前后贫家妇，稍有色者，百计诱之。一日晚，携少妇入寺，方进山门，见伽蓝以杵击其首者二，即便昏倒，耳中犹闻伽蓝叱之云："汝衣食十方，惟滋淫恶，当入畜类。"僧卧病数日，杵所击处，即生二角，伏地作羊，鸣数声而死。

【译文】某寺院的一个和尚淫心最重，佛寺前后贫苦人家的妇人，稍微长得有点姿色的，就千方百计的勾引。一天晚上，和尚带着一个年轻妇人进入寺中，刚进入山门，只见护法神将杵棒击打他的头部两次，和尚立刻就昏倒在地，耳边还听见护法神叱责的声音说："你靠十方信众养活，但却滋长了淫乱的恶行，应该将你打入畜生类。"和尚卧病在床几天，杵棒击打的地方便长出两个犄角，和尚趴在地上真的就像一只羊一样，叫唤了几声就死去了。

苏城内一处子，楼居诵经，闻叫夜僧声甚苦，悯之，投以金钱。僧误谓女悦己，夜入逼女，女不从，僧怒杀女，携首以去。适女母舅宿于家，明日，其家讼于官，谓舅杀之，官加酷讯，诬伏，而不得首，且再加桎梏。舅女痛父，自断其首，为女首以献。官察之非是，究莫知其由，因虔诚祷于城隍。夜梦神曰："杀女者，某寺某僧，首在佛柜中。"搜之，果得首，坐僧死，舅得释，苏人建双烈祠焉。

【译文】苏州城里一个少女,在楼上居住诵经,听见报更的僧人声音很凄苦,怜悯他,向他扔了许多钱。僧人误以为女子对自己有意思,夜里跑到女子住处逼女子就范,女子坚决不从,僧人愤怒的将女子杀害,割去头颅离开了。当时正值女孩的舅舅在她家住着,第二天,她家便向官府控告她舅舅,说是他杀的,官差严刑逼供,她舅舅招架不住,被屈打成招。寻不到女子的头颅,将还给他加上手铐脚镣。舅舅的女儿痛惜父亲,割下自己的头颅,作为那女子的头献给官府。官府审察后发现并不是那女子的头,最终也弄不清这其中什么缘故,因而虔诚的到城隍庙祈祷,夜里梦见神人告诉他:"杀害那个女子的是某寺院的某和尚,头颅在佛龛柜子里。"派人去搜查,果然得到了女子头颅,那僧人被处死,舅舅最终获释。苏州人给那两个忠烈孝义的女孩建立了"双烈祠"。

黄大痴羽士,有徒沈某,狎近侧一道姑,同门欲白之于师,沈惊惧,忽引刀自割其势。

【译文】道士黄大痴有个徒弟姓沈,轻慢附近的一个道姑,同门想禀报给师傅,沈氏又惊又怕,突然拿起刀把自己的阴部割去了。

通州海门县景觉之,有子九岁出家,名祖惠,二十八为长老,滥称禅师,而不明本性,罪恶又多。其伯景识之,有女名莲真,年十八,出嫁,与其夫不睦,而回母家。僧祖惠出入伯氏,时或过宿,与莲真通淫,其伯以一家无间,初不知觉。及两月,司命径奏上帝,遣雷公击杀祖惠于通街,大书其背曰:"乱伦怪兽。"又以雷火三焚莲真,俱令入地狱,受尽苦恼,变为畜生。识之夫妻,以闺门不肃,各减寿一纪,恶疾而终。莲真之姑,中间知觉,私受二百贯,大风刳其目,截其鼻,旦夕称曰:"我觉同乱伦怪兽,使我至此。"世间出家之人,往来私家,男女杂遝,其中僧道坏俗,俗坏僧道,乱上天人伦,背至尊教法,此等罪孽,不可忏悔,慎之慎之。【以上僧道渔色之报。】

【译文】通州海门县人景觉之,有个儿子,九岁就出家做和尚,法名祖惠,二十八岁做了长老,冒称禅师,可是却不明白本性,罪恶又非常多。他的伯伯景识之,有女儿名叫莲真,十八岁时出嫁,因为跟丈夫不和睦,就回到娘家。僧人祖惠经常进出伯伯家,有时还留宿,便跟莲真通奸,他伯伯因为都是一大家子,根本没有发觉。两个月以后,司命直接奏报天帝,派遣雷公在大街上用雷电劈死祖惠,在背后写着"乱伦怪兽"四个字。又用雷电的火焰三次焚烧莲真,让他们都送入地狱,受尽各种苦楚,转世成畜生。景识之夫妇俩因为家风不正,各自减去十二年寿命,全部患上怪病身亡。莲真的姑姑,在期间发现了他俩的丑行,因为私自接受二百贯钱的封口费,被大风抠出眼珠子,截断鼻子,还要早晚对人说:"我跟两个乱伦怪兽为伍,活该有这个报应。"世间的出家人,在普通人家进进出出,男女混杂,其中有僧人道士败坏世俗人的,也有世俗人败坏僧人道士的,乱了上天定下的人伦,背离圣人制定的清规,像这等罪孽,是绝不能被忏悔洗刷的,世间人一定要注意啊!【以上是僧人道士好色的报应。】

跋

败名殒身，莫甚于色。士君子生天地间，为朝廷立功勋，为祖宗光门闾，为子孙创基业，皆赖一己之精神。若贪恋色欲，则志惰心迷，力衰气馁，有用之躯，顿成无用。阳遭国典，阴受冥诛，其后为者也。

正元少时犯戒，中岁知非，既始迷而终悟，欲借己以劝人。恭蒙帝君降笔，赐以《戒淫实训》，言言药石，字字针砭，不觉毛发悚然。爰与《天戒录》一同付梓，并采先正格言，暨古今善恶报应附于卷末，题曰《欲海慈航》。愿世之览是编者，早脱沉沦，诞登彼岸，庶不负帝君济人之婆心也夫。弟子黄正元敬跋。

【译文】 败坏名声，毁顿身体，没有比好色更严重的了。士人生在世上，为朝廷建立功勋，为祖宗光耀门庭，为子孙开创家业，全部靠的是自己的精神正气。如果贪恋美色，纵欲不止，就会志气委顿，体力不支，本来有用的男子汉身子，一下子变成没用的废物。在阳间遭受国家法律的惩戒，阴间遭受冥报的诛戮，是事后的果报。

  我少年时就犯过淫戒，中年知道错了，我开始迷乱最终醒悟，就想借自己的力量去劝诫别人。承蒙帝君赐予我文章《戒淫实训》，每句话都像药物和针，一字一字都说到要害，不觉全身发冷。因而和《天戒录》一同出版，并且采用前代贤人们的格言警句和古今的善恶报应附在卷末，书名题作《欲海慈航》。希望世间能看到这本书的人早早脱离沉沦的深渊，走上正轨，大概才不辜负帝君济世救人的苦口婆心了吧！弟子黄正元敬作题跋。

谦德国学文库丛书

(已出书目)

弟子规·感应篇·十善业道经	汉书
三字经·百家姓·千字文·德育启蒙	后汉书
千家诗	三国志
幼学琼林	道德经
龙文鞭影	庄子
女四书	世说新语
了凡四训	墨子
孝经·女孝经	荀子
增广贤文	韩非子
格言联璧	鬼谷子
大学·中庸	山海经
论语	孙子兵法·三十六计
孟子	素书·黄帝阴符经
周易	近思录
礼记	传习录
左传	洗冤集录
尚书	颜氏家训
诗经	列子
史记	心经·金刚经
	六祖坛经

茶经·续茶经
唐诗三百首
宋词三百首
元曲三百首
小窗幽记
菜根谭
围炉夜话
呻吟语
人间词话
古文观止
黄帝内经
五种遗规
一梦漫言
楚辞
说文解字
资治通鉴
智囊全集
酉阳杂俎
商君书
读书录
战国策
吕氏春秋
淮南子
营造法式
韩诗外传
长短经

虞初新志
迪吉录
浮生六记
文心雕龙
幽梦影
东京梦华录
阅微草堂笔记
说苑
竹窗随笔
国语
日知录
帝京景物略
子不语
水经注
徐霞客游记
聊斋志异
清代三大尺牍：小仓山房尺牍
清代三大尺牍：秋水轩尺牍
清代三大尺牍：雪鸿轩尺牍
孔子家语
贤母录
张岱文集：陶庵梦忆
张岱文集：西湖梦寻
张岱文集：快园道古
群书类编故事
管子